U0682758

中国文化
知识读本

ZHONGGUO WENHUA ZHISHI DUBEN

金开诚◎主编　于　元◎编著

吉林出版集团有限责任公司
吉林文史出版社

古代玉器

图书在版编目（CIP）数据

古代玉器 / 于元编著 .—长春：吉林出版集团有
限责任公司：吉林文史出版社，2009.12（2022.1 重印）
（中国文化知识读本）
ISBN 978-7-5463-1266-8

Ⅰ.①古… Ⅱ.①于… Ⅲ.①古玉器－基本知识－中
国 Ⅳ.① K876.84

中国版本图书馆 CIP 数据核字（2009）第 223071 号

古代玉器

GUDAI YUQI

主编/ 金开诚 编著/于元
项目负责/崔博华 责任编辑/曹恒 于涉
责任校对/梁丹丹 装帧设计/曹恒
出版发行/吉林文史出版社 吉林出版集团有限责任公司
地址/长春市人民大街4646号 邮编/130021
电话/0431-86037503 传真/0431-86037589
印刷/三河市金兆印刷装订有限公司
版次/2009 年 12 月第 1 版 2022 年 1 月第 6 次印刷
开本/650mm×960mm 1/16
印张/8 字数/30千
书号/ISBN 978-7-5463-1266-8
定价/34.80元

关于《中国文化知识读本》

　　文化是一种社会现象，是人类物质文明和精神文明有机融合的产物；同时又是一种历史现象，是社会的历史沉积。当今世界，随着经济全球化进程的加快，人们也越来越重视本民族的文化。我们只有加强对本民族文化的继承和创新，才能更好地弘扬民族精神，增强民族凝聚力。历史经验告诉我们，任何一个民族要想屹立于世界民族之林，必须具有自尊、自信、自强的民族意识。文化是维系一个民族生存和发展的强大动力。一个民族的存在依赖文化，文化的解体就是一个民族的消亡。

　　随着我国综合国力的日益强大，广大民众对重塑民族自尊心和自豪感的愿望日益迫切。作为民族大家庭中的一员，将源远流长、博大精深的中国文化继承并传播给广大群众，特别是青年一代，是我们出版人义不容辞的责任。

　　《中国文化知识读本》是由吉林出版集团有限责任公司和吉林文史出版社组织国内知名专家学者编写的一套旨在传播中华五千年优秀传统文化，提高全民文化修养的大型知识读本。该书在深入挖掘和整理中华优秀传统文化成果的同时，结合社会发展，注入了时代精神。书中优美生动的文字、简明通俗的语言、图文并茂的形式，把中国文化中的物态文化、制度文化、行为文化、精神文化等知识要点全面展示给读者。点点滴滴的文化知识仿佛颗颗繁星，组成了灿烂辉煌的中国文化的天穹。

　　希望本书能为弘扬中华五千年优秀传统文化、增强各民族团结、构建社会主义和谐社会尽一份绵薄之力，也坚信我们的中华民族一定能够早日实现伟大复兴！

【目录】

一说玉

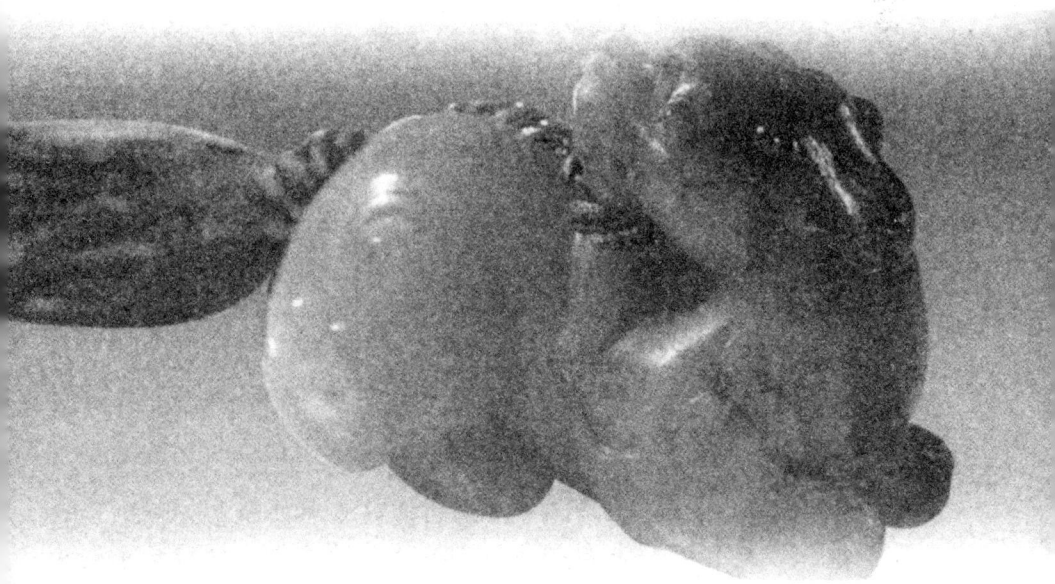

错金镶宝石白玉碗

玉来自地下几十千米深处的高温岩浆。

这些高温岩浆从地下沿着裂缝涌到地球表面，冷却后形成坚硬的石头。在这一过程中，只有某些元素缓慢地结晶，才能形成坚硬的玉或宝石。它们形成的过程，离我们既漫长又遥远。

玉和宝石属于两个完全不同的范畴：

宝石取材于天然单晶体矿物，即一粒宝石通常是取自一个单独晶体。这种晶体用我们的肉眼就可以看见，因此又称显晶质矿物。宝石通常是透明的，光线进入切割后的宝石内部，经过一系列的反射和折射，我们可以看到宝石的闪光，如红宝石、蓝宝石、祖母绿等。宝石也有少数是天然单矿物集合体，如欧泊、青金石；还有一些有机质，如琥珀、珍珠、珊瑚、象牙被称作生物宝石，也包括在广义的宝石之内。

玉则是另一个概念，它是由无数细小的肉眼无法看到的晶体组成，只有在高倍电子显微镜下才能看清它的结构，因此人们把玉称作隐晶质矿物。广义来说，这些微小晶体的集合体都可以称作玉。因为晶体之间总是有缝隙的，所以加工时抛光再好也不可能达到宝石表面的光洁程度。光线在玉石表面形成的轨迹如

玉雕栩栩如生

同阳光洒在有波浪的湖面上，这种效应称作漫反射。因此，我们通常看到的玉的表面有水润或油润的质感。因为光线很难深入玉石内部，所以我们通常感觉玉是半透明的。当然也有例外，顶级的翡翠是近乎透明的。

玉有软玉、硬玉之分：软玉一般指产于我国新疆一带的白玉、青玉、碧玉与辽宁省岫岩县的岫玉等，硬玉是指产于缅甸的翡翠。无论是软玉、硬玉，它们的质地都非常坚硬，色泽光润，因此有"石中之王"的美誉。

中国有四大名玉：新疆的和田玉、辽宁省岫岩县的岫玉、河南省南阳市的独山

唐代黄玉骆驼

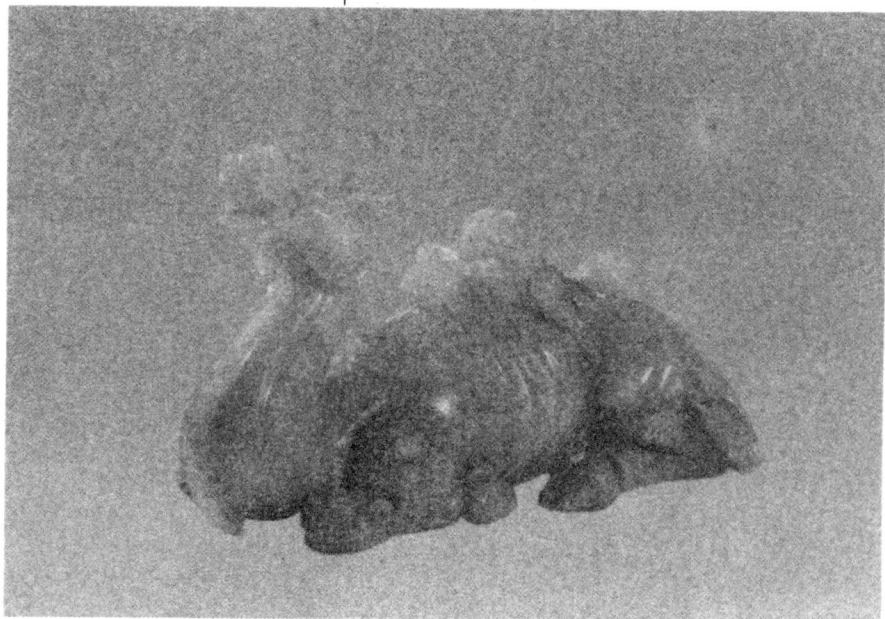

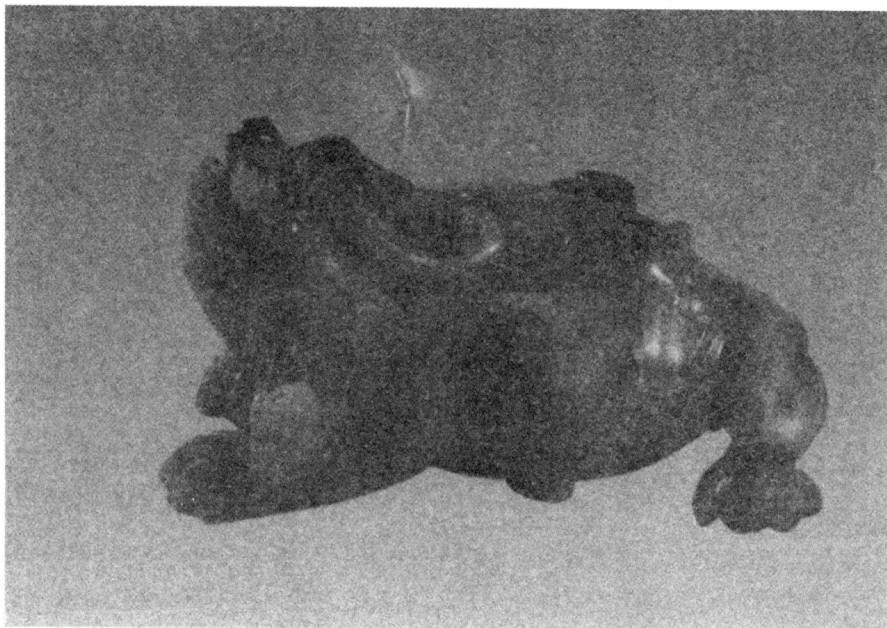

清代三足玉蟾

玉、湖北省郧县等地的绿松石。

佩戴玉器有很多好处。佩戴玉器既能起到装饰作用，又能促进身心健康，祛病延年。

早在两千多年前，我们的祖先就将玉用于医疗保健了。据统计，有106种玉可用于内服或外敷。《本草纲目》金石部第八卷说玉有"除胃中热喘急烦懑、滋毛发、滋养五脏、柔筋强骨、止渴、润心肺、助声喉、安魂魄、利血脉、明耳目"等疗效。还说："久服耐寒暑，不饥饿，不老，成仙。"因此，古人常吃玉，称为"玉食"。

根据中医"头凉足温"的理论，玉枕对治疗高血压、神经性头痛、脑血管病有疗效。

玉有镇静、安神、驻颜等功效，用玉棍在面部搓、擦、挤、按摩，可以镇静面部神经，收缩面部毛孔，促进面部血液循环，效果极好。

原来，玉具有特殊的光电效应，在略施压力、切削以及在加工打磨的过程中会使这种效应形成一个电磁场，并放射出一种能被人体吸收的远红外线波，进而诱发人体内细胞水分子的强烈共振，使之起到轻微按摩作用，改善微循环系统，从而使人体血液循环加快，新陈代谢提升，活化细胞组织，调节经络气血运转，增强快速反应，提高人体免疫功能。因此中医说：

雕刻精美的玉兽

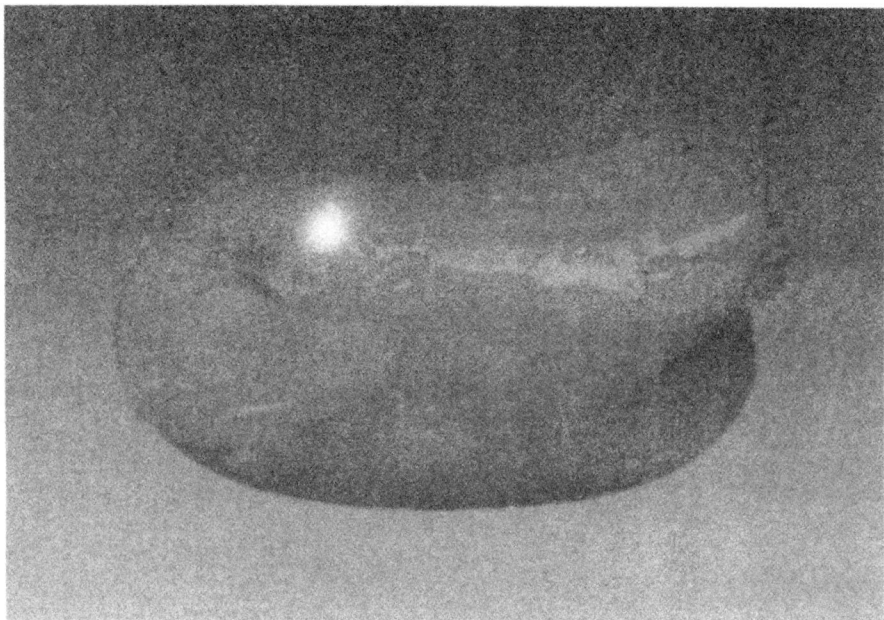

和田玉

"有的病吃药不能医好，而经常佩戴玉器却能治好。"

另外，佩戴玉器的人有一种愉悦心情。正如专家所说，一个好的心态有时也是治病的关键。

最近研究成果表明，玉含有人体所需的硒、锌、镍、钴、锰、镁、钙等三十多种微量元素。这些元素散发的启动波和人体细胞的启动波属于同一种波动状态，人体细胞能随着从玉散发出的波产生共振，使人体细胞组织更具活力，并促进血液循环，增强新陈代谢，及时排除体内废物。玉能使生活饮用水和自然水变成活性水，帮助人体提高免疫力。

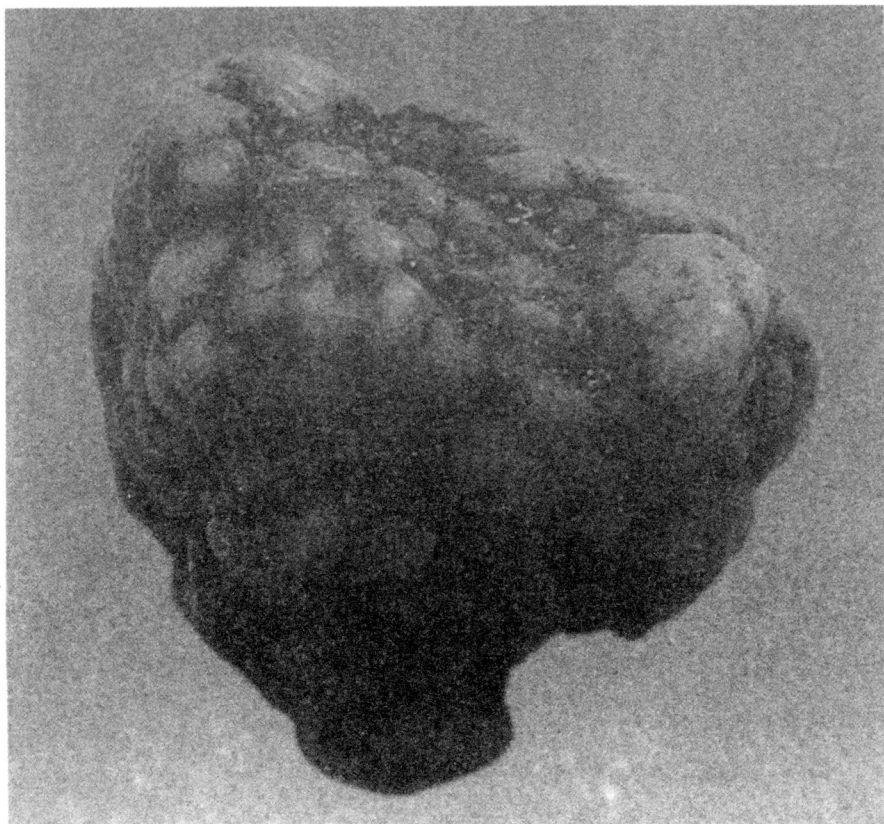

绿松石

　　根据玉对人体的保健功能，运用传统中医经典理论结合现代科技手段，我国创新研制的玉枕、玉鞋、玉手球、玉项链、玉坐垫、玉靠背和通过ISO9002国际体系认证的保健玉床垫，被公认是造福人类、具有世界意义的发明创造。

　　购买玉器时一定要谨慎，选不好会影响健康。仿玉或假玉对人有害，尤其是敏感的人，为了健康和安全，要佩戴不经化学处理的天然玉。

二　玉器的分类

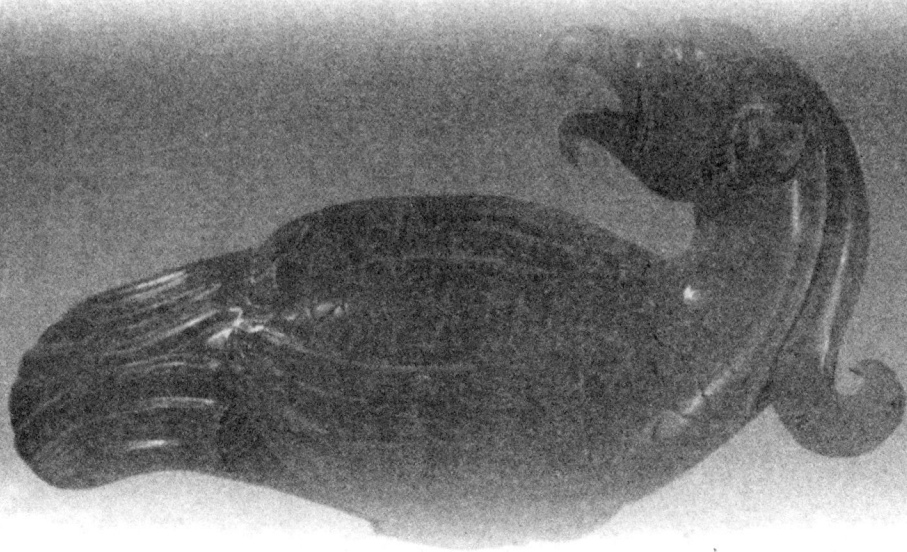

中国古代玉器有多种分类法，我们根据传统分类法将玉器分为礼乐器、仪仗器、丧葬器、佩饰、工具、生活用器、陈设器、杂器八大类。

第一类：礼乐器

"玉兽面谷纹璧"，战国晚期玉器。1977年于安徽省长丰县杨公乡战国墓出土。

此器径16.5厘米，孔径4.8厘米，厚0.3厘米。玉料呈绿色，因埋藏多年，已产生褐色沁斑。

此器两面饰纹相同。外缘和近孔边缘以单阴线为界，中部以两周阴线隔为内外两区。内区饰谷纹，谷纹微凸起，呈旋状，

战国时期玉璧

其上又加阴线旋纹。外区一周饰三组双身兽面纹，兽面较宽，朝向内孔，以细阴线刻出，兽面两侧有伸出的肢体，细而长，似蛇身，交叉盘绕，兽面及兽身的局部以又粗又浅的阴线界出。

苍璧是古人祭天的礼器。

"玉神人纹多节琮"，新石器时代良渚文化时期玉器。

此器高 32.1 厘米，孔径 6.3 至 7.2 厘米。柱形，外方内圆，上宽下窄，中心有圆孔，上下相通。玉料深褐黄色，局部有黄白沁斑。

玉琮图案以横线截成十一节，每节均以四个琮角为人面的中心线，以四面凹槽为界，雕出四个简化的神人面纹。神人的

玉琮

冠和鼻清晰可见，圆眼及嘴则模糊不清，只是象征性地略刻一下。在玉琮上端相对的两侧面中部，隐约可见各有一阴刻的带双翼纹的符号。

黄琮是古人祭地的礼器。

"玉兽面纹圭"，新石器时代晚期玉器。

此器长21.8厘米，宽5.5厘米，厚0.9厘米。器身扁而长，一端略宽，有刃，另一端有一孔。

此器两面均有纹饰，一面中部为阴线兽面纹，兽面上下方分别饰有阴线绳纹及成组的凸线，另一面的主体纹饰大体相同，下方有一组凸线构成的变形兽面纹。

玉料表面经染色，呈漆黑色。

青圭是古人祭东方的礼器。

"玉饰纹卧虎"，春秋中期玉器，清宫旧藏。

此器长7.7厘米，宽2.2厘米，厚0.3厘米。青白色玉料，片状，虎作伏状，整体呈"弓"字形，头部刻画精细，张口，上唇上卷与鼻相连，前后足皆呈俯卧状，尾粗大上卷。

虎身饰"人"字形阴线虎皮纹，四肢饰勾云纹。

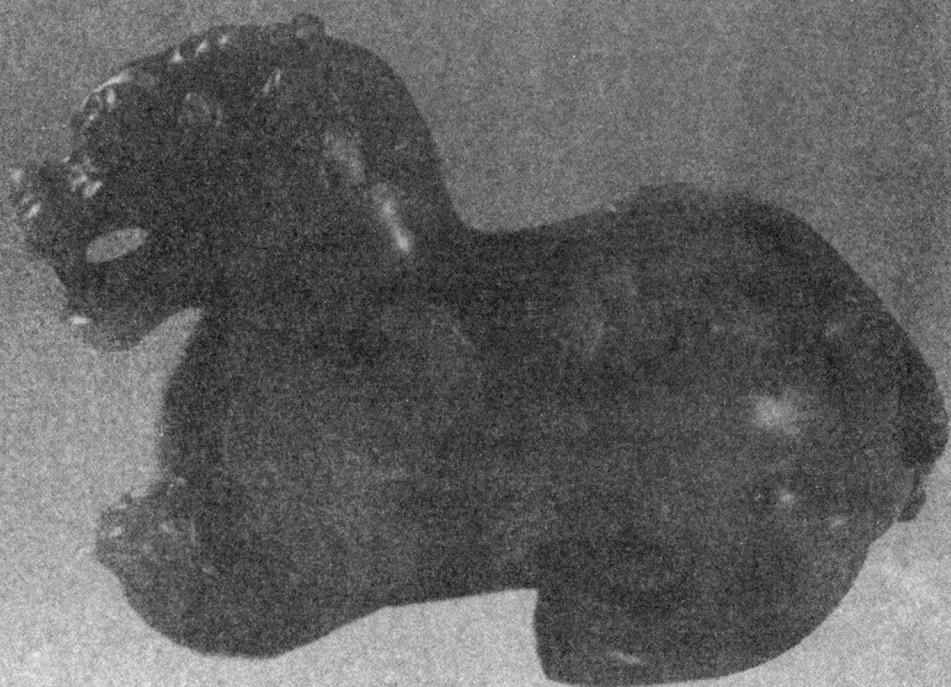

玉跪人

此器因埋藏而有褐色色变。

白虎是古人祭西方的礼器。

夏代二里头遗址出土了大量的玉璋。

玉璋分赤璋、大璋、中璋，边璋、牙璋五

种：赤璋是祭南方之神的；大璋、中璋、

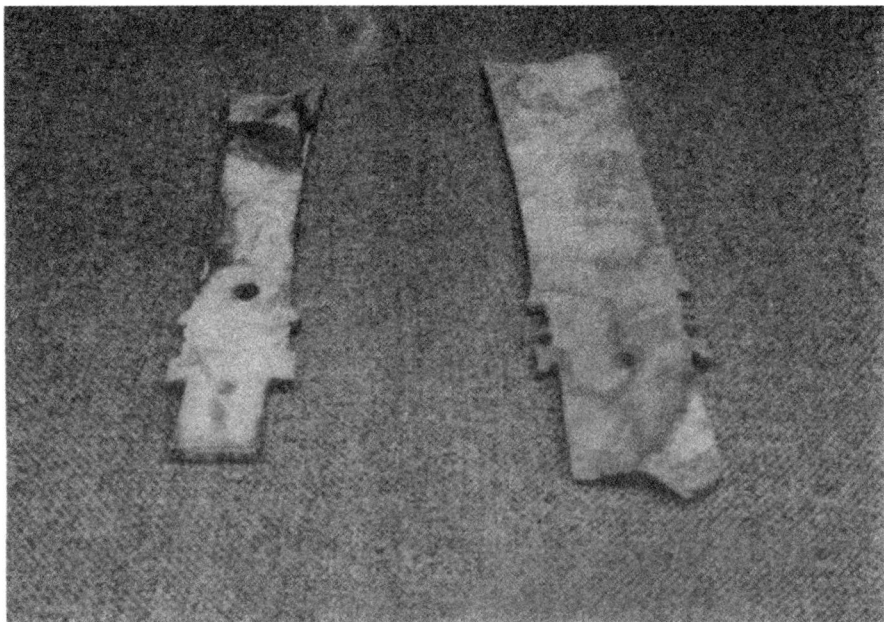

边璋是天子巡狩时祭祀山川的器物，大山川用大璋，中山川用中璋，小山川用边璋。所祭的如果是山，礼毕就将玉璋埋在地下，如果是川，礼毕就将玉璋投到河里；牙璋是调兵用的。

这块夏代玉璋通体磨光，柄与器身一侧各钻一圆孔，器身一侧的圆孔嵌一绿松石片。双面磨刃，凹刃，两阑均出扉牙。

这块玉璋极为珍贵，现藏中国社会科学院考古研究所。

赤璋是祭南方的礼器。

"玉龙首璜"，战国晚期玉器。1977年于安徽省长丰县杨公乡出土。

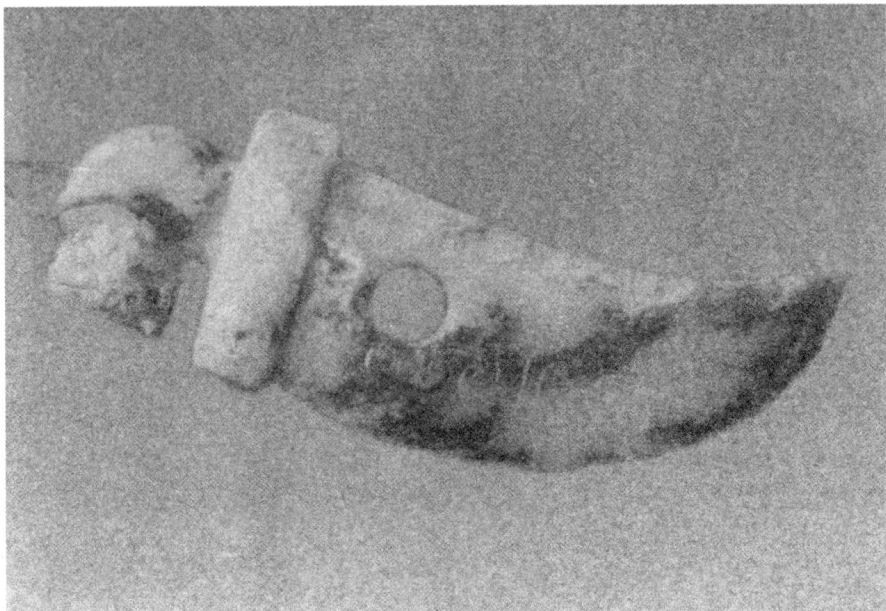

古玉刀

此器长 17.4 厘米，高 6 厘米，厚 0.3 厘米。片状，弧形，约为三分之一圆周。璜的上部中间有一小孔，供穿绳系挂。

此器两端雕有侧面的龙首图案，形似兽，耳贴于颈部，上唇厚大，下唇又尖又小，嘴部镂空并刻有齿纹。璜身饰凸起的谷纹，谷粒间以细阴线勾连。

玉料暗青色，局部因埋藏而发生色变。玄璜是祭北方的礼器。

第二类：仪仗器

又称玉兵器，主要有玉戈、玉刀、玉戚、玉钺、牙璋、玉斧等。这些器形本源

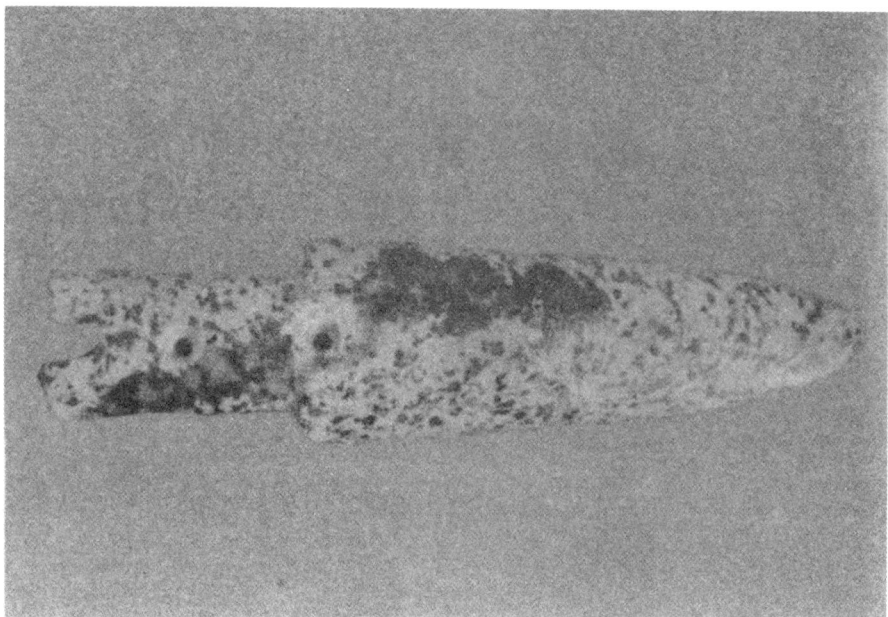

玉戈

于实用器，主要出现于商、周两代，以商前期最为突出。

"玉戈"，西周玉器，北京房山琉璃河黄土坡西周墓出土。

此器直援，尖首，援之上下均为双面刃，中间起脊，脊线不明显。内为长方形，上有七组直线纹，每组两侧用斜刀起线，中间平行走一道阴线，至后缘出牙。近栏处有圆形穿，栏部有一道用细阴线组成的三角雷纹装饰带。器型又大又薄，切得平直均匀。纹饰简练，精致，典雅。

"三孔玉刀"，新石器时代龙山文化时期玉器。

此器长 49.1 厘米，宽 5.9 厘米，厚

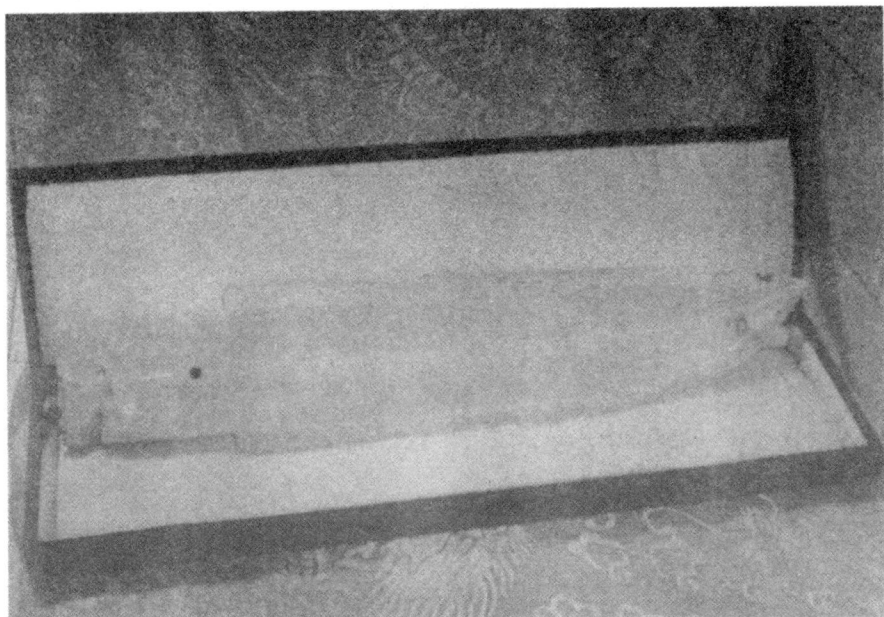

古玉刀

约 0.1 厘米。长方形薄片状，背部平直，刃部内凹，一端为方形，另一端略窄。

玉刀一面光滑细亮，另一面较粗糙。刃部锋利，钻孔标准。

"龙纹大玉刀"，商代玉器。

此器凹背凸刃，器身狭长，短柄，双面刃，刀尖上翘，刀身后端近柄处有一穿孔。

背脊上有锯齿形扉棱，近背处两面以阴线饰龙纹。

"玉戚"，商代晚期玉器。河南省三门峡虢国墓地出土，现藏河南省三门峡市虢国博物馆。

此器长 14.4 厘米，宽 13.3 厘米，厚 0.8

厘米，青玉材质。体呈扁圆状，前端略窄，刃端阔而呈弧形，两侧边有脊牙各六个，中部有一圆穿孔，背面上留有一道切割痕迹。

"玉钺"，新石器时代良渚文化时期玉器。1987年2月于余杭出土。

此器长14.8厘米、刃宽11.3厘米、厚0.9厘米。顶端不平整，弧形刃，刃的两端微向外翘。器身一面平整，另一面弧凸。上部中间有一个直径1.4厘米的对钻圆孔。

玉料为牙白色，略带黄褐斑及青灰色筋条。

整器抛光精细。

玉钺

"三星堆玉牙璋"，商代玉器。

此器长 22.3 厘米，刃薄，分叉如鱼尾状。柄两侧镂雕四组齿状扉棱，两侧扉棱之间有阴刻细线。柄身间有一个上大下小马蹄形圆孔，孔上琢一凤鸟。

青绿色玉质，上有白色条斑。通体打磨光润。

牙璋是古代调动军队的符信。

"玉花斑弧刃斧"，新石器时代含山文化时期玉器。1987 年于安徽省含山县凌家滩新石器时代墓地出土。

此器长 23.7 厘米，宽 8.7 厘米。长条形，略扁，刃部呈前凸的弧状。斧顶略窄，近顶部有一圆孔。

玉牙璋

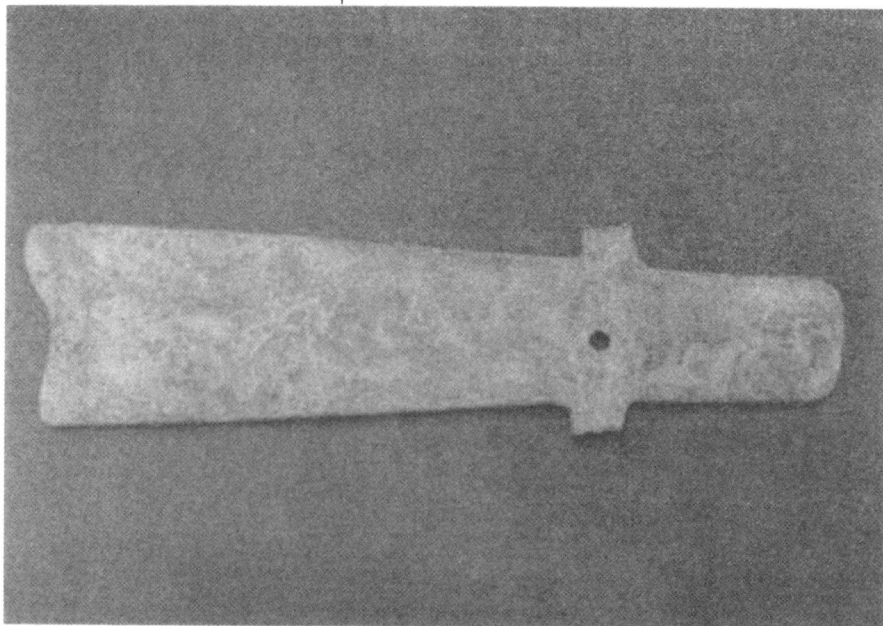

玉料呈青灰色，有较多自然纹理形成的暗花。

第三类：丧葬器

古人受鬼神观念和宗教思想影响，相信人死后灵魂会到另一个世界去。为了让死者灵魂永存，人们用玉保护死者的尸体。

从战国时起，逐渐形成了一套葬玉制度。所谓葬玉，是指为保存尸体而琢制的随葬玉器。历史上用过的葬玉有玉冶、玉握、玉塞、玉衣等。

玉玲是死者含在口中的玉器，多作蝉形。

玉握是死者握在手中的玉器，多作猪形。

玉塞即九窍玉，是堵塞或遮盖在死者

汉代玉杯

身上九窍的九件玉器。所谓九窍指人的两只眼睛、两个鼻孔、两个耳孔、嘴、生殖器和肛门。

古代凡是穿在身上的都叫衣：裤子叫胫衣，袜子叫足衣，为死者盖在脸上的叫面衣。玉衣是指包裹全身从头到脚每一部位的衣罩，其外观与真人的体形相同，专为罩尸之用。

第四类：佩饰

玉佩饰产生于原始社会，是随身佩戴用于装饰的玉器。

良渚文化遗址出土的玉佩饰有玉珠、玉管、玉坠等。

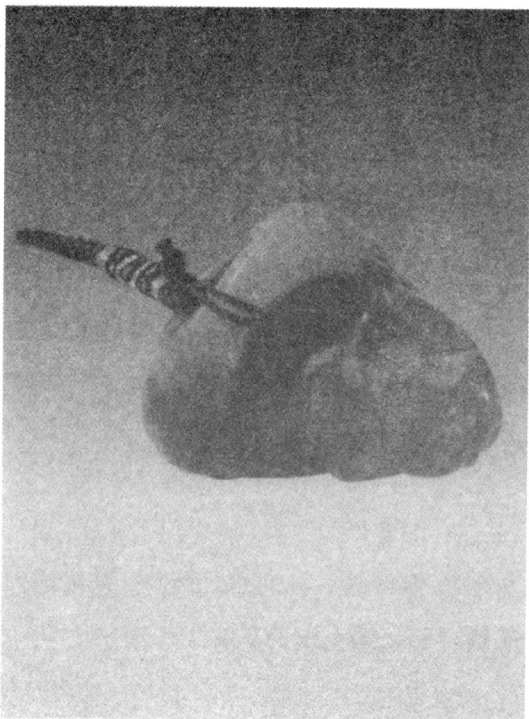

殷商时代佩玉也很常见。东周战国时期出现了由不同类型的佩玉串连组成的"组佩"。

玉璧除了作礼器外，也作佩玉用。

实用装饰玉器的种类颇多，有玉块、玉觿、笄、珥珰等，可谓琳琅满目。

玉觿是角形玉器，造型源于兽牙。原始社会有佩带兽牙的习俗，后来用玉仿造，称为玉觿。

玉觿流行于商代，历西周、春秋战国，直至汉代，汉以后消失。

玉觿除用于佩戴外，古人还用以作解

玉璧

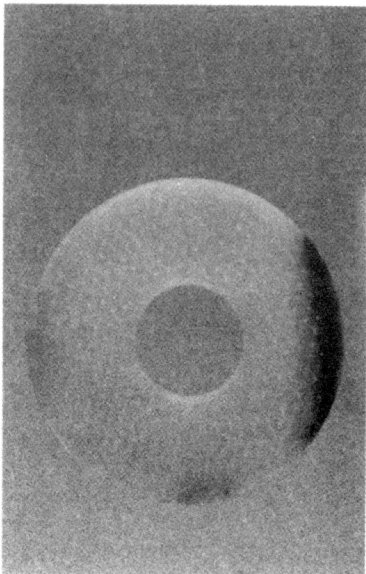

玉器的分类

023

玉斧

结的工具。佩戴玉觿表示具有解决困难的能力，是智慧的象征。

玉块是一种耳环状的玉器。战国墓中的小玉块常成双成对地发现于死者的两耳旁边，是耳饰玉器。到汉代时，已不作耳饰用，主要用作佩玉。

耳坠古代称为珥珰，是佩戴历史最悠久、最普及的一种饰物。古代耳饰中最早出现的是充耳，又叫瑱，是男女共用的佩饰。佩戴充耳是提醒人们闻言必慎，不可妄听之，要慎之又慎。后来，男子不再佩戴，成了女子独有的装饰，象征尊贵之意。

第五类：工具

玉制生产工具主要见于新石器时代和青铜时代。

玉制工具有玉斧、玉铲、玉箭、玉镞、玉斤、玉凿、玉刀等，与青铜工具的形制没有差别。

玉斤是斧子一类的工具。斧子是直刃，斤是横刃。随着青铜冶铸业的繁荣和铁器的出现，以玉材制成的生产工具逐渐消失了。

第六类：生活用器

生活用玉器最早见于商代，有玉簋等。战国秦汉时有玉角杯、玉卮、玉奁、

纹饰丰富多彩的陈设玉器

明代如意云纹盖玉瓶

玉灯、玉羽觞等。

唐宋以后，玉杯、玉碗、玉瓶大量出现，餐具、文具、酒具等品种激增，文房用具有笔筒、书镇、笔架等。

此外尚有玉盘、玉拐杖、玉枕、玉函、玉检、玉札和玉笈等。

玉卮是玉制的酒杯，由盖和卮体组成。卮体呈圆筒状，有三足和一扳手。

羽觞又称羽杯、耳杯，是盛酒器具，器形椭圆、浅腹、平底，两侧有半月形双耳，有时也有饼形足或高足。因其形状像爵，两侧有耳，像鸟的双翼，故名羽觞。

第七类：陈设器

陈设器包括玉山子、玉屏风、玉奔马、玉鸽、玉辟邪、玉熊、玉鹰等。

玉山子即圆雕山林景观，制作时先绘平面图，再行雕琢，因而又常以图命名。玉山子上分别雕出山林、人物、动物、飞鸟、流水等，层次分明，各具形态。

辟邪是传说中的神兽名，是一种似狮、独角或双角、身上有翅的神兽，能辟邪祛凶。

在我国历史上，清代的玉制陈设器最为多见，品种多，数量更多。

第八类：杂器

杂器指不能归入以上几类的玉器，常见的有玉钩、玉如意、璇玑、刚卯、玉带、

玉如意

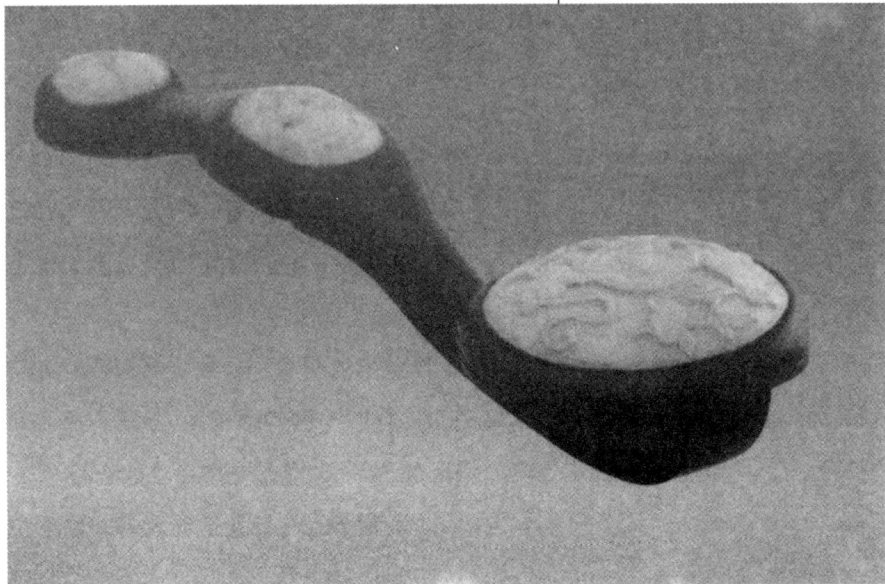

玉印

玉剑饰、玉印和玉玺等。

璇玑体扁平，中央有圆孔，形似变形的环。外缘有三个形状相同、均向同一方向旋转的锯齿状凸脊，凸脊之间各有每四齿为一组的锯齿三组，是观测天象之器，一说是织机上的部件。

刚卯是用玉、金或核桃为料制成的长方体柱状物，其中有孔，因制于正月卯日，故称刚卯，是挂在革带上的护符。

玉制杂器的数量是庞大的，远不止这些。

三　古代玉器史

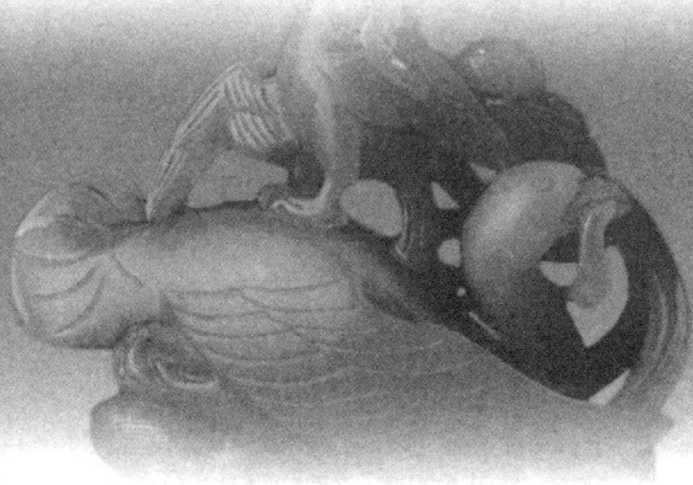

中国古代玉器的历史十分久远，几乎与石器同龄。

早在旧石器时代晚期，我们的祖先就发现并使用玉了。人们在制作石制工具时发现了玉这种矿物，由于它比一般石头坚硬，人们就将它制成工具。再加上玉的与众不同，那特有的色泽与晶莹剔透，惹人喜爱，人们便用它做装饰品。因为玉很少，加工又很困难，所以只有族群里极少数的人如族长、祭师才有资格佩玉和用玉，这就使玉渐渐演变成礼器、祭器或图腾了。如河姆渡文化的玉璜、马家浜文化的玉玦、崧泽文化的玉玲、良渚文化的玉琮和三又

商代凤形佩

河姆渡文化玉器

型器、红山文化的玉龙、龙山文化的璇玑、齐家文化的联璜玉璧等。

这些文化遗址中出土的玉器是中华民族玉器的源头，几乎涵盖了中国古代玉器的所有品种。夏商周三代的玉器都是由这些玉器发展而来的。

河姆渡文化时期的玉器

河姆渡文化是长江下游地区古老的新石器文化，因发现于浙江余姚河姆渡而得名。它主要分布在杭州湾南岸的宁绍平原及舟山岛。年代为公元前 5000 年至公元前 3300 年。

河姆渡出土了骨器、陶器、玉器、木器等生产工具，还有生活用品、装饰工艺品。这些出土文物全面反映了我国原始社会母系氏族时期的繁荣景象。

河姆渡遗址出土文物曾多次出国展览，震撼了整个世界。

河姆渡玉器制作都还简陋，玉料选择不严，玉质也差。玉器的器形有璜、珠、饼、丸、坠等，多系小件佩饰，制作尚不规整，大多光素无纹。

河姆渡遗址出土的玉璜是一种礼仪性的挂饰。每当进行宗教礼仪活动时，巫师就戴上它，显示出巫师的神秘身份。

河姆渡文化玉璜

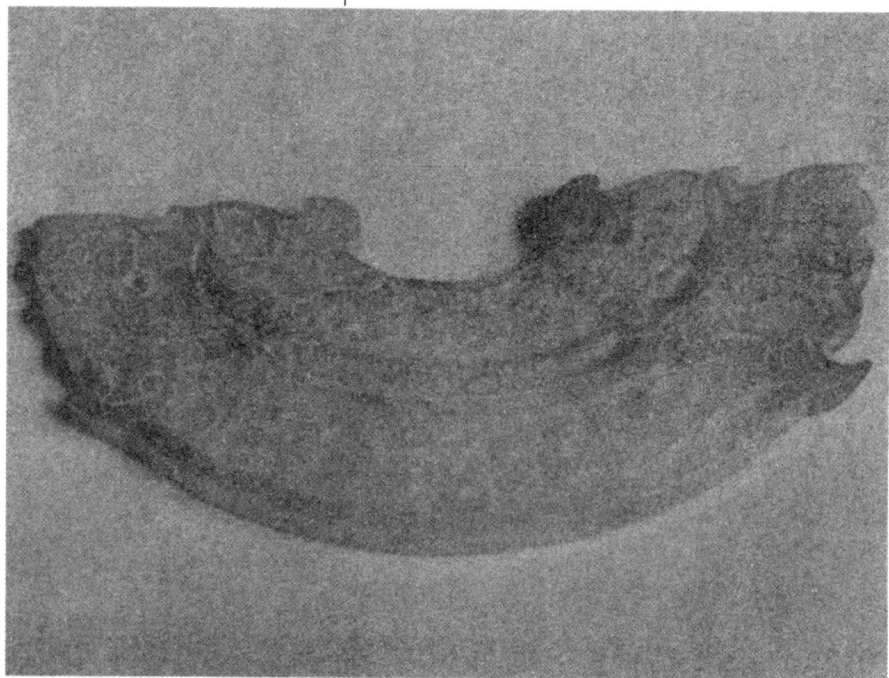

在中国古代，玉璜与玉琮、玉璧、玉圭、玉璋、玉琥等被《周礼》称为"礼天地四方"的礼器。六器之中的玉璜、玉琮、玉璧、玉圭等四种玉器历史最为悠久，早在新石器时代就出现了。

河姆渡文化玉器是迄今所见长江下游地区最早的制玉成果之一，虽然玉器的种类和数量很少，又都是小型装饰品，造型简单，做工原始，但它的产生直接影响到马家浜文化及良渚文化玉器的发生及发展，在太湖流域形成制玉中心，与北方的红山文化制玉中心遥相呼应，共同谱写了玉器文化的光辉篇章。

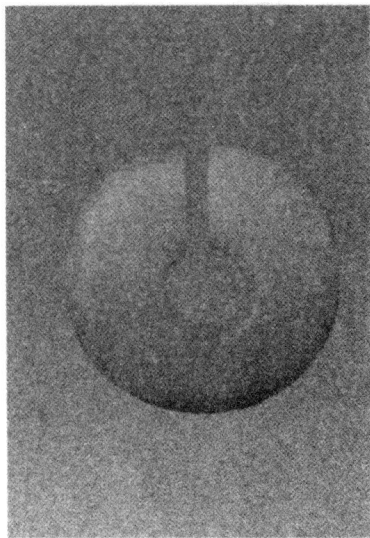

马家浜文化玉器

马家浜文化时期的玉器

马家浜文化是长江下游地区的新石器文化，因浙江嘉兴马家浜遗址而得名。主要分布在环太湖地区，南至钱塘江，西抵茅山，北达长江北岸一带，距今 7000 至 6000 年。

马家浜出土的器物有穿孔石斧、陶豆、罐、盆、纺轮、玉珠、玉玦等。

玉玦为装饰品，后来成了中国的传统饰物。

玉玦是我国最古老的玉饰，呈环状，有一缺口，在古代主要被用作耳饰和佩饰。小玉玦常成双成对地出土于死者耳部，类

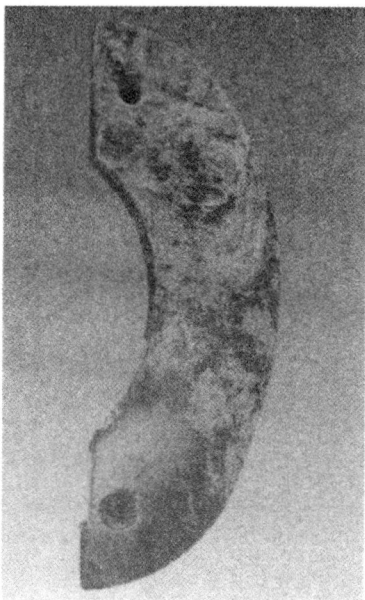
崧泽文化玉器

似今天的耳环；较大体积的玉玦则是佩戴的装饰品或带有特殊使命的符节。新石器时代的玉玦制作朴素，无纹饰。

关于玉玦的用途，古今说法甚多，概括起来有五种：一作佩饰；二作信物，见玦时表示与有关者断绝关系；三表示佩戴者遇事善于决断，有大丈夫气概；四为刑罚标志，犯法者见玦则不许返回，要长期流放在外；五用于射箭，使用时将玦套在右手拇指上，用以钩弦。这块马家浜遗址出土的玉玦独具特色，只有半圆大一些，而一般的玉玦缺口均极小。

崧泽文化时期的玉器

崧泽文化距今约 6000 年至 5300 年，属新石器时期母系社会向父系社会过渡阶段，因首次在上海市青浦区崧泽村发现而得名。

青浦区发现崧泽文化遗址 4 处，出土文物 800 余件，有石器、玉器、骨器、陶器和兽骨、稻种等遗物，证明崧泽距今 6000 年前就有人类居住，崧泽人是上海人最早的祖先。

上海青浦县崧泽文化墓地出土的玉器璜、玦、环、镯等与马家浜玉器稍有区别，选材较好，璜的形式增多，有近似鱼形、

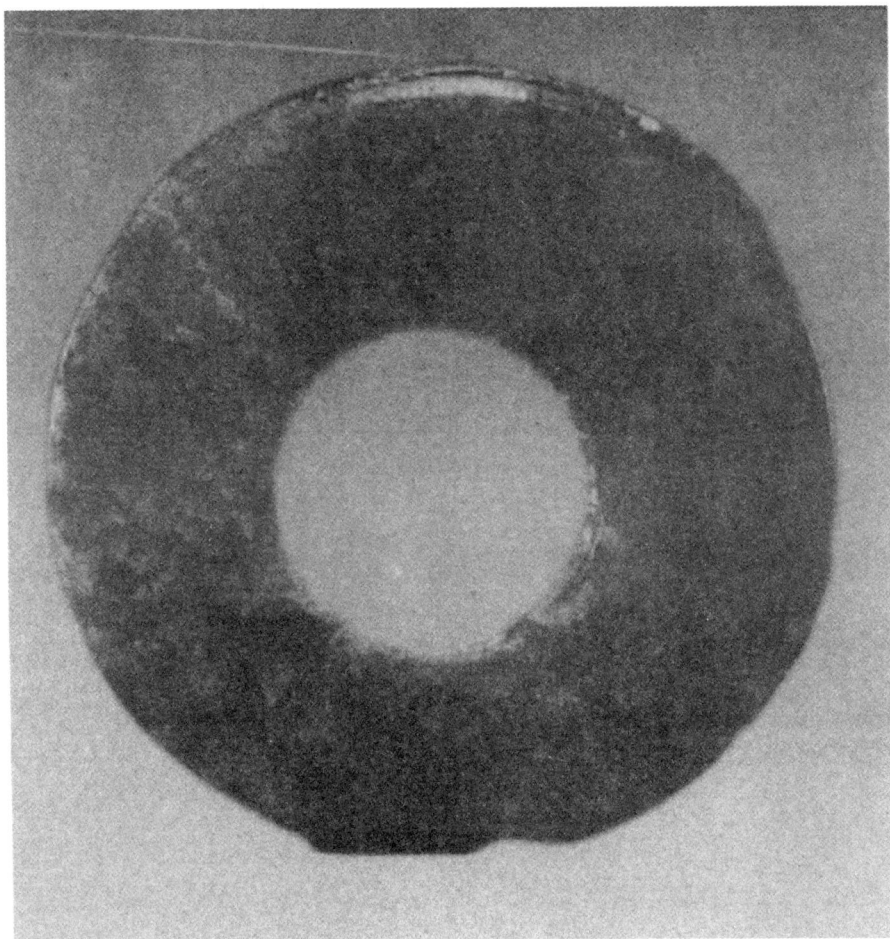

崧泽文化玉器

鸟形的。璜体又宽又薄，两端平直，多于两端各穿一孔。这一时期玉器多为扁平型，系切割加工而成。

7号墓主嘴里含着玉玲，并配有玉环。这块玉玲一端宽圆、一端尖，形如鸡心，出土时尚在墓主人口内。

崧泽文化上继马家浜文化，下接良渚文化，是长江下游太湖流域重要的文化阶段。

良渚文化时期的玉器

良渚文化是我国长江下游太湖流域一支重要的古文明，因发现于浙江余杭良渚镇而得名，距今约 5250 年至 4150 年。良渚文化遗址出土玉器非常多，种类有珠、管、璧、璜、琮、璋。其中玉琮体积大，工艺精湛，是中国古代玉器中的珍品，被誉为"玉琮王"。

良渚文化遗址出土的玉琮呈扁矮方柱状，内圆外方，上下对穿一直径仅 4.9 厘米的圆孔。器表每面以 4.2 厘米宽的竖槽将琮面左右一分为二，又以仅 0.1 厘米宽

良渚文化玉器——重圈纹青玉鹰

的三条横槽将琮面分为上下四节。器型规整，厚薄均匀，边角端正，轮廓分明，在成型过程使用了拉丝、管钻、锯切等多种以砂为介质的开料手段。又满又密的阴线刻、减地浅浮雕手法、精细的器表打磨表现了良渚玉器的高度成就。

玉琮是巫师通天地敬鬼神的一种法器，带有强烈的原始巫术色彩。

良渚文化遗址出土的三叉型器呈南瓜黄色，通高3.7厘米，宽6.2厘米，最厚处0.66厘米。下端圆弧，上端分为三叉。正面是稍有弧突的平面，背面三叉和下端的正中部均有凸块，凸块上钻有上下贯通的小圆孔。三叉型器是良渚文化时期数量

良渚文化玉琮

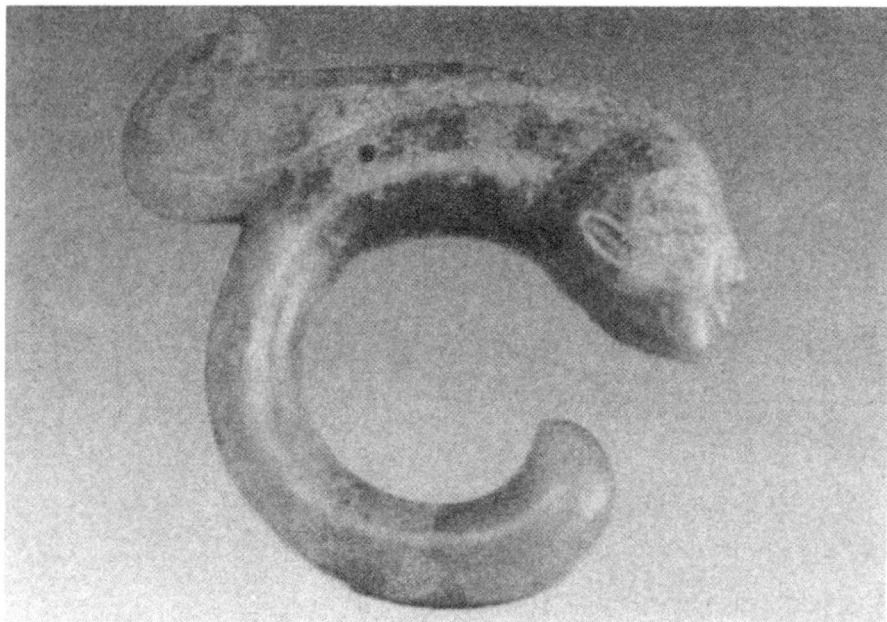

红山文化玉器——龙身人首神仙

最少的器种，属贵族用器，弥足珍贵。

红山文化时期的玉器

红山文化是距今约 5000 年左右，在燕山以北、大凌河与西辽河上游流域活动的部落集团创造的农业文化，因最早发现于内蒙古自治区赤峰市郊的红山而得名。距今五六千年左右，延续时间达 2000 年之久。

红山文化是我国新石器时代北方原始文化的代表，它与存在于山东地区的龙山文化和存在于长江中下游地区的良渚文化一样，都是中华古文明的重要组成部分。

红山文化玉雕工艺水平很高，玉器有

红山文化玉器

猪龙形缸、玉龟、玉鸟、兽形玉、勾云形玉佩、管状马蹄形玉器、棒形玉等。玉器为磨制加工而成，表面光滑，晶莹明亮，极具神韵。

到目前为止，红山文化的玉器已出土近百件，其中大型碧玉C型龙周身卷曲，吻部前伸微翘，头顶至颈背有长鬣后披，鬣毛后翘，极富动感。

这只大玉龙曲长60厘米，直径2.2至2.4厘米，呈倒"C"字形，有圆鼻孔二，双目橄榄形凸起，末端翘起，额及颚下有阴刻菱形网纹。龙躯扁圆，背部有一钻孔，可系绳穿挂。此龙因吻部前伸，前端翘起，所以也称"玉猪龙"。结构简洁，充满生

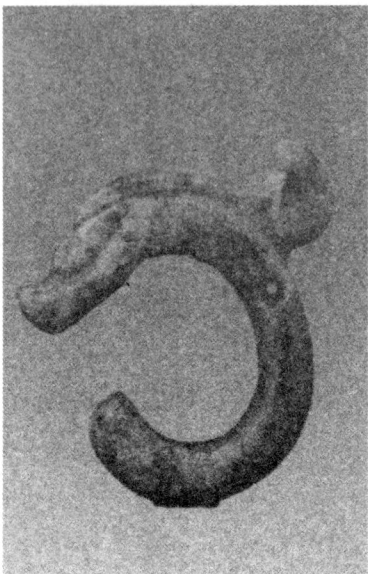
玉龙

命力，是一个部族的图腾。

由于这只龙已经具备了龙的基本特征，而且是现在发现的最早的龙文化的实物，因此被喻为"中华第一龙"。

这些精美齐全的玉器说明红山文化非常发达，当时的社会生活水平也比较高。红山文化这一重大发现把中华文明史提前了一千多年，为夏代以前的三皇五帝传说找到了实物依据，在中华文明发展过程中占有极其重要的历史地位。

龙山文化时期的玉器

龙山文化泛指中国黄河中下游地区新石器时代晚期的文化，因首先发现于山东章丘龙山镇而得名，距今约4350年至3950年，分布于黄河中下游的山东、河南、山西、陕西等省。这一时期已进入父系氏族时期了。

龙山文化遗址中发现的玉器可区分为山东龙山文化、河南龙山文化和陕西龙山文化。这三个文化中的玉器以山东龙山文化发现的玉器较多，河南龙山文化和陕西龙山文化玉器发现较少。

山东龙山文化遗址出土的玉锛上端有饕餮纹，是商代青铜器饕餮纹的祖型，极为珍贵。

河南龙山文化出土玉器有玉璧、玉璜、

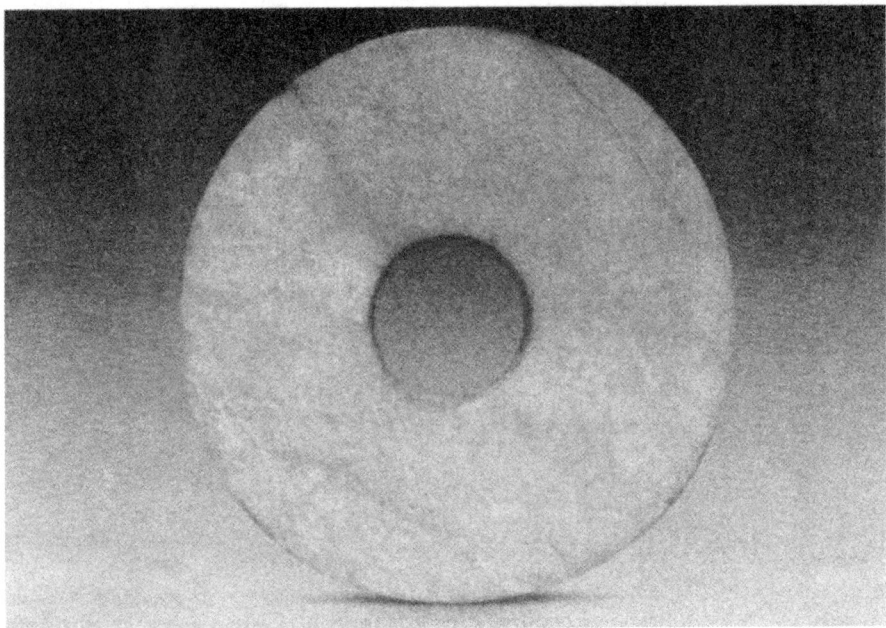

齐家文化玉器——玉琮

玉环、玉饰等。陕西龙山文化出土玉器有玉璜、玉璋、玉刀、玉镰、玉钺、玉雕人首等。

齐家文化时期的玉器

齐家文化因首先发现于甘肃广河齐家坪遗址而得名。齐家文化主要分布在甘、青境内的黄河沿岸及其支流流域、陕西西北部、内蒙古西部和宁夏部分地区，年代为公元前2000年至公元前1900年。

齐家文化遗址曾出土一批独具特色的玉器，内涵丰富，品种繁多，工艺精美，令人惊叹。

齐家文化遗址出土的联璜玉璧璜长

7.3至10厘米，宽2.4至2.8厘米，厚0.3
至0.5厘米，浅绿色。单璜扇面形，素面，
三璜联缀合成玉璧，品相一流，是不可多
得的珍品，现藏于中国社会科学院考古研
究所。

　　玉璧是中国玉器中出现最早并一直延
续的品种，使用范围、数量也为历代玉
器之冠。玉璧是一种圆板形、片状、中

齐家文化玉器

部有孔的玉器，有以下几种用途：一为礼器，二为佩玉，三为礼仪馈赠品，四为葬玉。

　　古代圆板形、片状、中部有孔的玉器有璧、瑗、环、玦四种，用处各不相同：瑗用以召人，如天子召见诸侯，诸侯召见卿大夫和士的时候，都要命人拿着瑗作为信物；环用于君主赦免臣下之罪，许其返还复任；玦则表示君臣关系断绝，返回无望；璧的用处已如上述。这四种圆玉用途不同，形状也有细微差别：中心孔径小于边宽的为璧，中心孔径大于边宽的为瑗，中心孔径与边宽相等的为环，周边有一个小缺口的为玦。

齐家文化玉璧

　　进入夏代后，渐渐难以见到玉制工具，取而代之的是大量的礼器和玉佩了。

夏代玉器

　　夏代是一个崇尚玉文明的朝代。

　　夏代玉器的风格是上述河姆渡等文化向商代玉器的过渡形态，这可从河南偃师二里头遗址出土的玉器窥其一斑。二里头出土的七孔玉刀，造型源于新石器时代齐家文化的三孔玉刀，而刻纹又带有商代玉器双线勾勒的滥觞。

　　二里头遗址距今大约3800年至3500年，相当于夏、商时期。

　　二里头遗址出土的七孔玉刀为夏代玉

夏代环形雕花玉器

器，长65厘米，呈墨绿色，扁平，为肩窄刃宽的宽长梯形，两侧有对称的凸齿，近肩处有等距离排成直线的7个圆穿。玉刀两面饰纹相似，都以交叉的直线阴纹组成网状和几何纹图，饰纹精美，被称为绝品。

夏代玉器种类很多，生产工具有玉斧、玉铲等，装饰品有玉管、玉珠、绿松石饰

件、嵌绿松石兽面纹饰牌等，礼器有玉戈、玉圭、玉刀等。

二里头出土的玉戈很多。夏代的礼仪玉器中，兵器形玉器占了重要地位。这表明经过激烈的征战后，夏朝统治地位才得以巩固。玉戈是龙山文化玉戈的延续，无中脊，有的玉戈长达43厘米。器形之大，实属罕见，是典型的礼仪用器。

作为中国奴隶制社会第一个朝代的玉器，是新石器时代玉器的总结，为商代玉器的发展奠定了基础。虽然我们见到的夏代玉器很少，但其造型与纹饰均成为商代玉器制作的根据。因此，我们可以说夏代玉器在历史交替时期起到了承上启下的作用。

商代玉器

商代不但青铜器有名，而且也以众多的玉器著称于世。

商代早期玉器发现不多，琢制也较为粗糙。

商代晚期玉器以安阳殷墟妇好墓出土的玉器为代表，共出土玉器755件，按用途可分为礼器、仪仗器、工具、生活用器、佩饰和杂器六大类。

商代玉匠开始使用和田玉制造玉器，数量较多，有仿青铜彝器的碧玉簋、青玉簋等实用器皿。动物玉器和人物玉器大大超过几何形玉器，玉龙、玉凤、玉鹦鹉神

安阳殷墟妇好墓

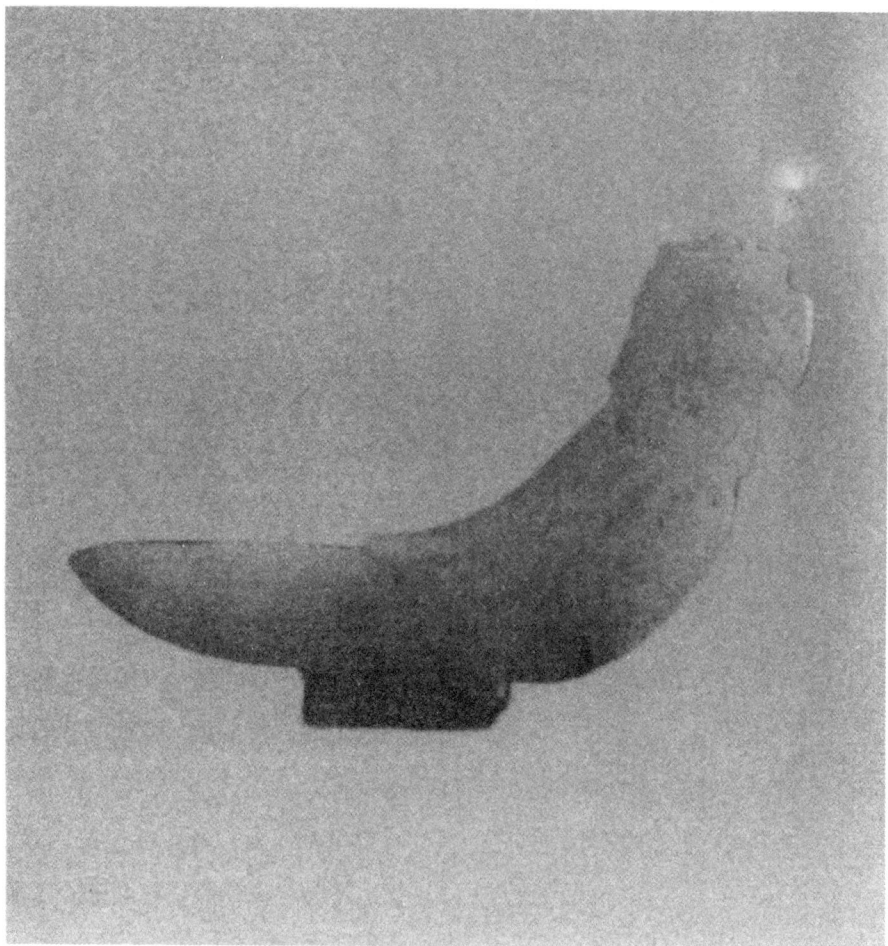

青玉鸟形佩

态各异，玉人或行或站，或跪或坐，姿势多样。

这件"青玉鸟形佩"是商代晚期玉器，1976年于安阳殷墟妇好墓出土，现藏河南博物院。此器长10厘米，宽2.5厘米。短翅，尖喙，圆眸，翘尾，屈足，颈部有孔，可供佩系。此佩采用双面双线勾勒，为典型的商玉风格。

线条简单的玉兽

　　商代晚期玉器的种类、数量比商代早期和远古均有所增加，说明玉器的功能在逐步扩大。

　　商代早期玉器以琢出笔直的阴线、薄片状玉器为代表；商代晚期玉器艺术则具有象征性、装饰性的特点，如一些立体的人物玉雕，主要突出它们的头部及目齿等器官的特征，省略细部，只作象征性的刻画，重要细部施以圆润婉转的阳线，呈现出浓厚的装饰趣味。这种象征性与装饰性高度统一的艺术手法是商代晚期玉雕的主流。另外还有一种简化型玉器，如玉鱼和玉刀。这两种倾向的玉器工艺都来源于远古并有所发展，进而为西周玉器的进步打

西周玉倔

下了基础。

西周玉器

西周玉器在继承殷商玉器双线勾勒技艺的同时，独创一面坡粗线或细阴线镂刻的琢玉技艺，这种技艺在鸟形玉刀和兽面纹玉饰上大放异彩。

西周玉器没有商代玉器活泼多样，

略显呆板。这与西周严格的宗法礼制有关。

西周玉器所用的玉料讲究质地美，大多用新疆所产昆仑系玉料，只有少量用辽宁产的岫玉。制玉工具较商代先进，琢玉技艺也大大提高了。

西周玉器的最大变化，是表现在玉器品种上。新石器时期至商代盛行的实用或不实用的玉制工具已逐渐消失，仿实战武器而作为仪仗器的玉刀、玉戚等在中原地区已不能见到；玉戈、玉戚已步入衰亡期，数量不多，器形也向小型化发展，大多从数十厘米长减至 10 厘米左右。

礼器中的玉琮，在西周王室所在地，特别是今陕西省周原一带有大批出土，玉璧多已趋向小型化，玉璜、玉琥突然增多了。宝鸡茹家庄一号西周中期墓出土的玉琥长 6.5 厘米，宽 2.8 厘米，厚 0.5 厘米。虎头高昂，双耳直立，张口露齿，呈咆哮奔扑状，背微拱，尾回卷，前后肢前屈刨地，动态极强，显得矫健有力，凶猛传神。耳中研磨成涡状，口中钻一圆穿，可以佩带。

玉制写实性动物形器品种较殷商时期为少，由殷商期的数十种减至十余种，常见有牛、羊、猪、兔、鸟、虎、鹿、龟、蝉、蚕、鱼、螳螂等。至于非写实性的

西周玉琮

双凤纹玉柄

神鸟神兽，新石器时期开始出现的凤，经夏商一度中断后重又出现，而且多了起来。这说明当时的人们从早期崇奉自然和写实动物为主转向崇奉神灵了。如"双凤纹玉柄"，长17.1厘米，宽3.7厘米，厚0.7厘米。上部由双凤纹对称构图，尾下垂，回卷成勾状，在相对的两喙及身尾之间镂空大小两个桃型孔，一上一下，可穿挂。中部是一昂首挺立的高冠长尾凤，圆眼，尖勾喙，单足利爪踏在下部一夔龙头上。纹饰精美，手法多样，刀法有力，线条圆润，纹饰清晰。

西周时除保留众多的传统玉器品类

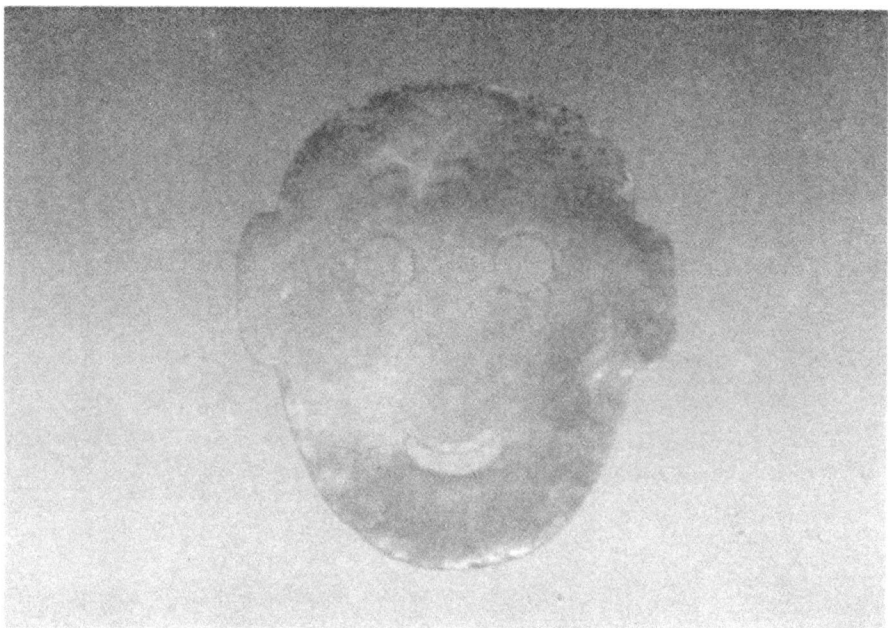

玉面罩

外，还出现一些新的品种，主要的有成组佩玉和专供死者埋葬用的玉面罩。

玉面罩由近似人面部五官形式的若干件玉器按人体面部大小形态缝缀在布料上，形式各不相同，边角有穿孔供缝缀用，使用时凡有饰纹部分都朝着死者的面部。

玉圭最早见于新石器早期，它是由当时的石斧演变而来的。石斧是在狩猎、劳作和部落战争中所使用的工具和武器，逐渐演化为圭。西周玉圭是朝廷祭祀的一种礼器，后来又成为权利的象征。朝廷在分封诸侯时，常常赐以玉圭，作为统治地方的权杖。获得玉圭的诸侯在封地内握有生

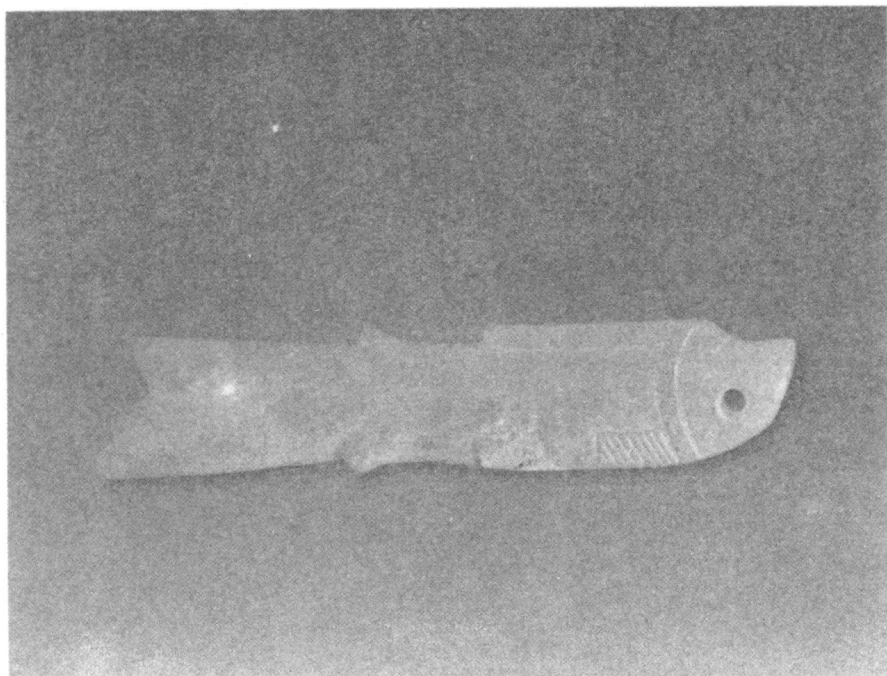

西周玉鱼

杀大权。这件黄玉玉圭呈厚片状，顶部有突起的圭角，圭下部呈圆角方形。背面有乳钉纹饰，雕琢细腻，刀法有力，线条圆润，纹饰清晰。

西周玉器在俏色方面也较殷商有了突破，如"鱼鹰鲫鱼器"，利用一块玉料的两种不同颜色制成，生动逼真，恰到好处，令人惊叹。

这件"玉鱼"是西周玉器，以单线雕出鱼头、鱼眼、鱼腹。嘴上有一小孔，可供系挂。

此器造型优美，雕刻简洁，是西周玉器的极品。

春秋战国时期玉器

春秋战国时期玉器雕有龙、凤、虎等图案

春秋战国时期，学术上百家争鸣，文化上百花齐放，玉雕更是光辉灿烂。

周王和诸侯率先佩挂玉饰，以标榜自己像玉一样，是有德君子，以致当时佩玉特别发达。

能体现时代精神的是大量龙、凤、虎形玉佩，造型富有动态美，具有浓厚的中

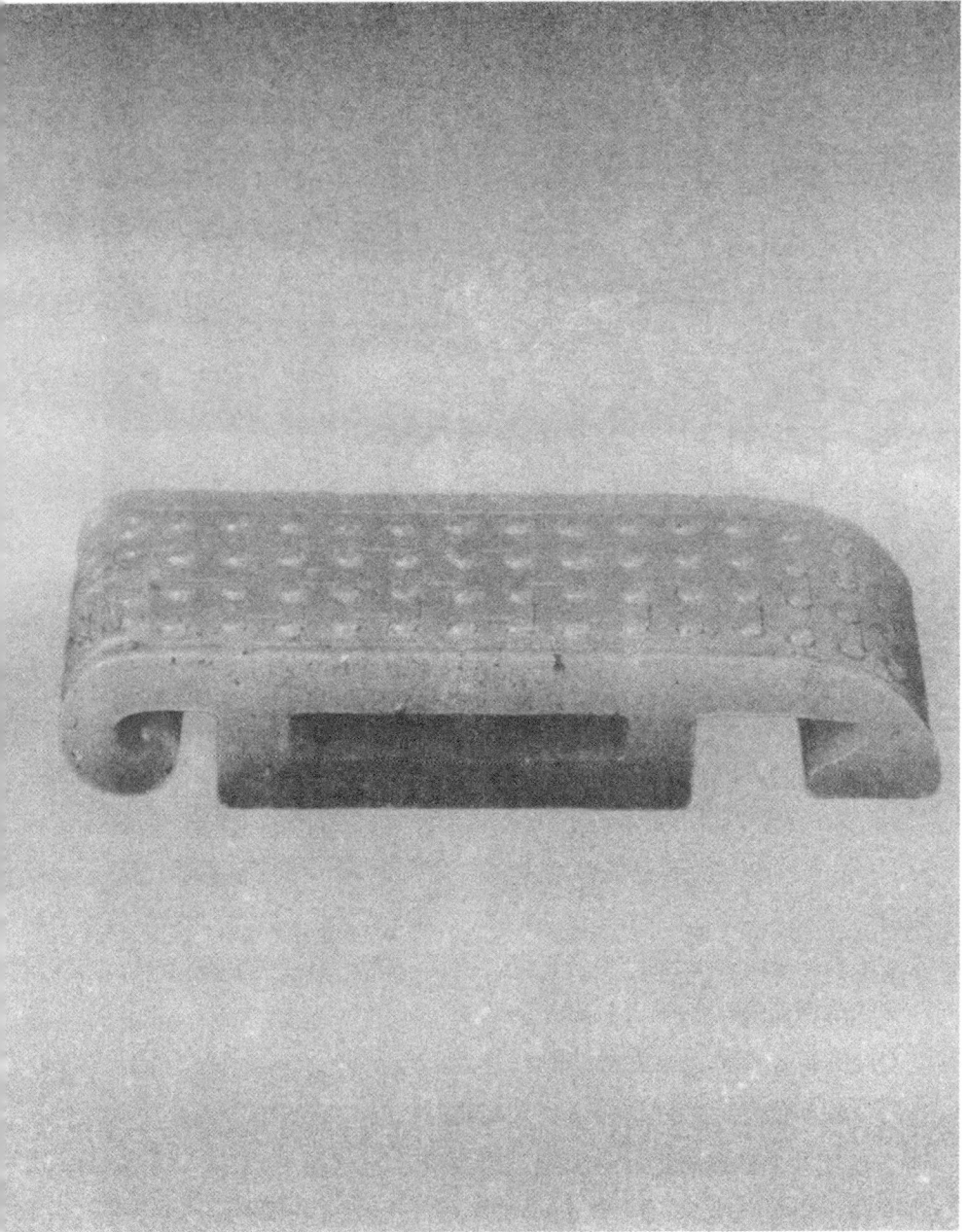

玉谷纹璜

华民族特色。

在饰纹方面出现了隐起的谷纹，附以镂空技法，底子上施以单阴线勾连纹或双勾阴线叶纹，显得饱满而又和谐。

玉带钩、玉剑饰和活连环是这一时期新出现的玉器。

一柄玉剑一般具有玉剑首、玉剑格、玉剑璏、玉剑珌四种玉饰。玉质活连环是战国时期首创的器型。活连环制作工艺极为繁杂，整块玉料先要分断切割，然后再将每一部分凿成活环。

如"玉谷纹璏"，长6.5厘米，宽2.3厘米，高1.4厘米。1977年于安徽省长丰县杨公乡战国墓出土。长方形，片状，两端向下卷，表面饰凸起的谷纹，每3个谷粒为一组，以阴线相连。此器由典型的青玉料制成，是饰于剑鞘侧面的玉件。

又如"玉云纹珌"，清宫旧藏。高6.3厘米，宽5.95厘米，厚2.25厘米。此器呈上宽下窄的梯形，两侧内凹，中部向两面凸起，表面饰阴线勾云纹，勾云纹中又有细阴线环形图及双短线。剑珌是剑鞘底端的饰物，所处位置很低。玉料为青白色，表面有较重的赭色斑。

"玉扭丝纹瑗"，战国玉器，清宫旧藏。直径8.3厘米，厚0.3厘米。瑗呈内、外

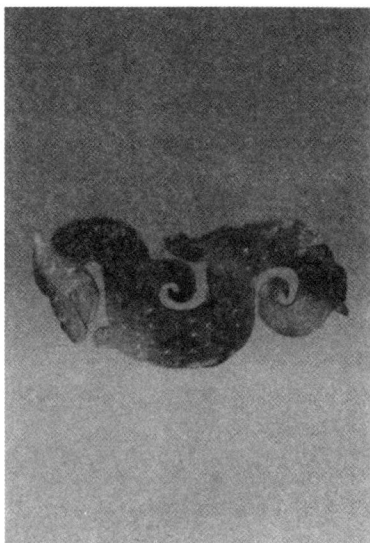

玉云纹珌

双重环状，环面饰扭丝状纹饰，两环相连有六处，其中三处饰横向的扭丝纹。两环间有细长的透孔相隔，共六处，其中三条透孔中部开圆形小孔，为穿绳悬挂用。扭丝纹环形玉多为单层，此为双重玉瑗，极为珍贵。

春秋战国时期，儒生把礼学与和田玉结合起来研究，用和田玉象征君子，借以体现礼学思想。他们将儒家的仁、义、礼、智、信等传统观念同和田玉的各种特点联系起来，于是玉有五德、九德、十一德等学说应运而生。后来，这些学说成了中国玉雕艺术的理论依据，也是中华民族几千年爱玉风尚的精神支柱。

和田玉

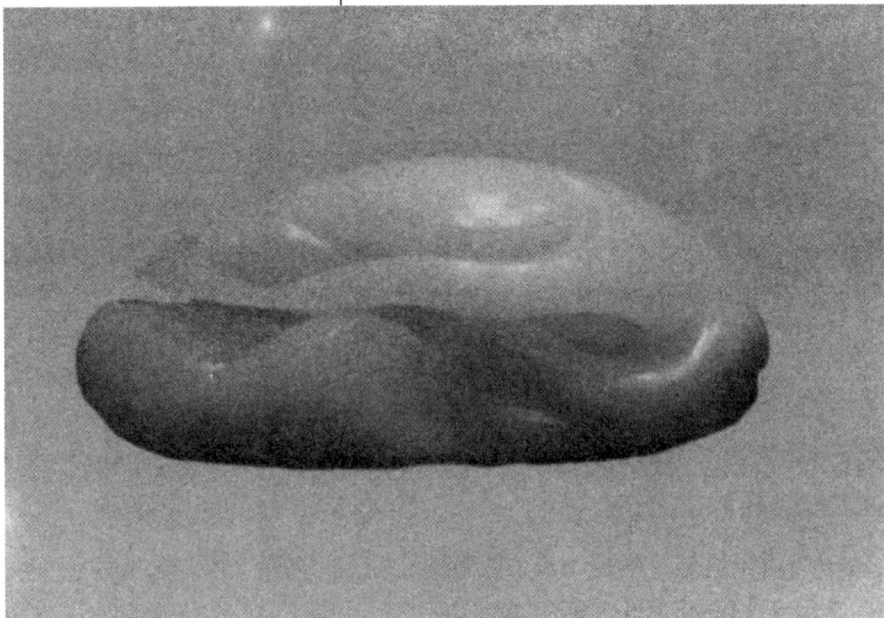

在中国玉器史上，良渚文化玉器是中国历史上的第一个高峰，春秋战国时期的玉器是第二个高峰。这一时期的玉器数量多，质量好，新创了不少优美器型，线条运用更臻娴熟，纹饰急剧增加，刀工秀逸遒劲，风格清新潇洒。春秋战国五百年间，给后代留下了无数玉器珍品。

春秋战国玉器在中国玉器发展史中占有极重要的地位。它一改商周玉器简单古朴的风貌，创制了一大批造型、图纹及工艺风格都为之一新的艺术珍品，为我国玉文化谱写了光辉的一页。

玉质圆润，制作精美的玉像

秦代玉器

秦代仅有 15 年，于公元前 206 年被汉代取代。

秦代在中国历史上虽然短促，但在艺术上曾创造出辉煌的成就。

秦代玉器也曾有过不平凡的业绩。如秦始皇灭六国时，得到一块和氏璧，命琢玉大师孙寿刻成传国玺。此玺方四寸，螭虎纽，将李斯虫鱼书"受命于天，既寿永昌"八字镌刻其上。此玺极为珍贵，一直传到唐代，不幸佚于战乱。

秦代所遗玉器很少，可分三类，即玉人、玉礼器和玉器皿。陕西省等地出土一批秦代玉器，有形同秦兵马俑造型的男女玉人、玉高足圆杯、玉剑饰、玉尊、玉鱼和六器等近百件。

出土的一对玉人：男玉人长12.1厘米，宽2.38厘米，厚0.38厘米，玉料呈黄绿色，表面有絮状白化斑，头顶有偏斜发髻，面部用阴线勾勒出弯眉、大眼、圆鼻、横长方形阔口，上唇有八字胡，下颌有四道胡须，身体呈长方形，是成年男子的形象；女玉人长11.6厘米，宽2.4厘米，厚0.31厘米，玉料呈青绿色，为丹凤眼、直鼻梁、梯形口，发型为垂于肩背的槌状单髻，腰部刻有一条阴线用来表示腰带纹。

这两个玉人是两千多年前秦代的祭祀

秦代玉翁仲

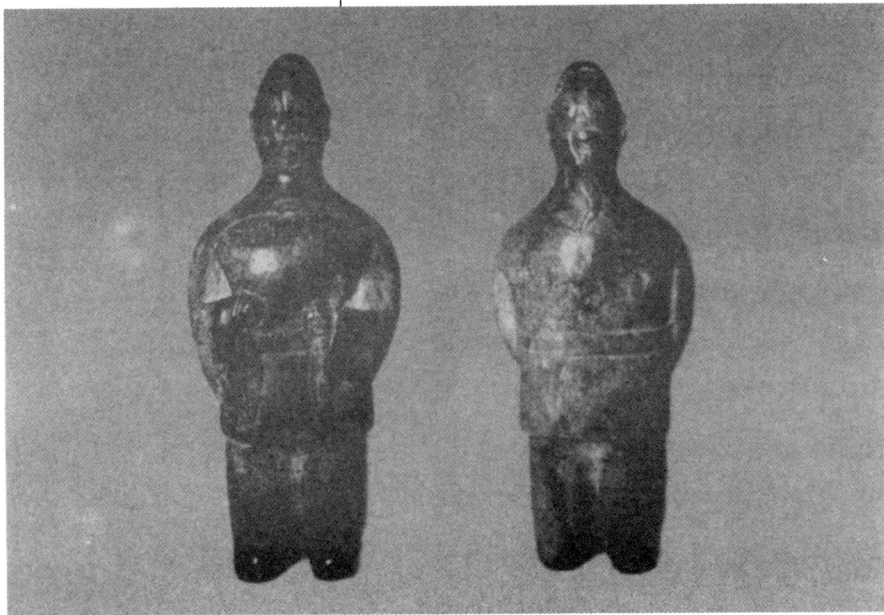

礼器。虽然玉人做工不精，但仍清晰地反映出秦人特有的造型和纹饰，为研究秦代玉器和当时的风俗礼制提供了珍贵的实物资料。

六器即一套完整的礼器，包括璧、琮、圭、琥、璋、璜六种玉器。六器中的一对形似真虎的玉琥证明六器中的玉琥形同真虎，而不像其他五器那样是几何式造型。

秦国玉器虽然数量不多，但很有特色。

汉代玉器

汉代强大的国力促使其手工业生产相当发达，玉器也攀上了古代玉器发展的最

秦代玉器

精美玉器展现高超雕刻技艺

高水平。

汉武帝时，张骞出使西域，开通了闻名遐迩的丝绸之路。新疆和田玉沿着丝绸之路源源不断进入中原，使玉器制作得到极大的物质保证，从而使汉代玉器的质量有了根本性的提高。

汉代玉器在继承战国玉器传统的基础上有所变化和发展。礼器减少了，组佩趋于简化，而用于丧葬的玉器明显增加，玉制的日用品和装饰品也有较大的发展。

在雕琢工艺方面，圆雕、高浮雕、透雕的玉器和镶嵌玉器逐渐增多。

在纹饰风格方面，由以抽象为主转向以写实为主，一些像生类玉器有了现实感和生命力，形神能巧妙地结合于一体。

汉代玉器种类很多，可分为日用品、装饰品、艺术品、辟邪用玉、礼仪用玉和丧葬用玉。

如"高足和田青黄玉杯"，于江苏省徐州市狮子山楚王陵出土，现藏于徐州博物馆。此杯高 11.7 厘米，圆筒形，平口，

汉代玉猫

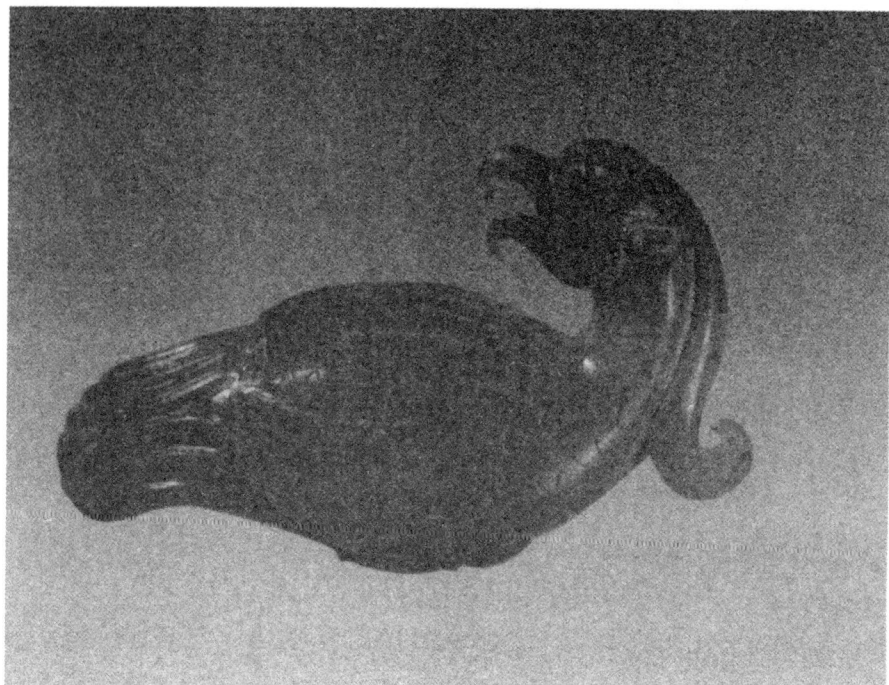

雕饰精美的玉器

弧腹，矮圈足底。外周壁通体饰花纹，分为上，中，下三组：上下两组花纹基本相同，饰宽连云纹；中间一组饰细勾连云纹。三组花纹间分别以突弦纹间隔。外壁通体抛光，内壁没有磨光，掏膛痕迹依稀可见。玉质为和田青黄玉，晶莹透明，细腻滋润，局部有天然纹理及土沁斑。

装饰品分为人身上的玉饰和器物上的玉饰两大类。人身上的玉饰主要是佩玉，有璜、环、琥、玉舞人等，还有商周以来用于解结的觿和射箭时钩弦用的玦，已演变为装饰用的佩玉。玉环的纹饰优美多样，在佩玉中占有重要的地位。

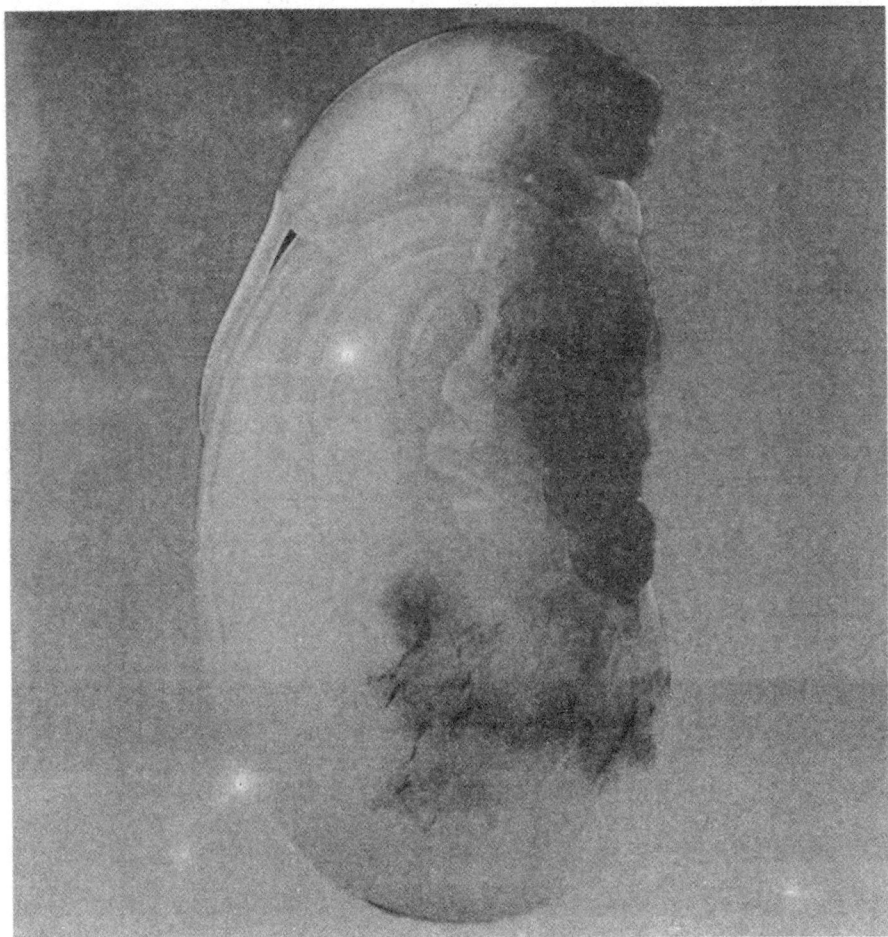

青白玉雕

南越王墓出土的"透雕龙凤纹重环玉佩"纹样优美，工艺水平很高，覆盖在墓主头罩的右眼位置，由青白玉雕刻而成，直径10.6厘米，厚0.5厘米。玉佩呈圆璧形，以圆圈分隔内外两圈，所以被称为重环。内圈中央为一条游龙，两爪及尾伸向外圈。游龙张开的前爪上站立了一只凤鸟，回眸凝望游龙，一应一合。

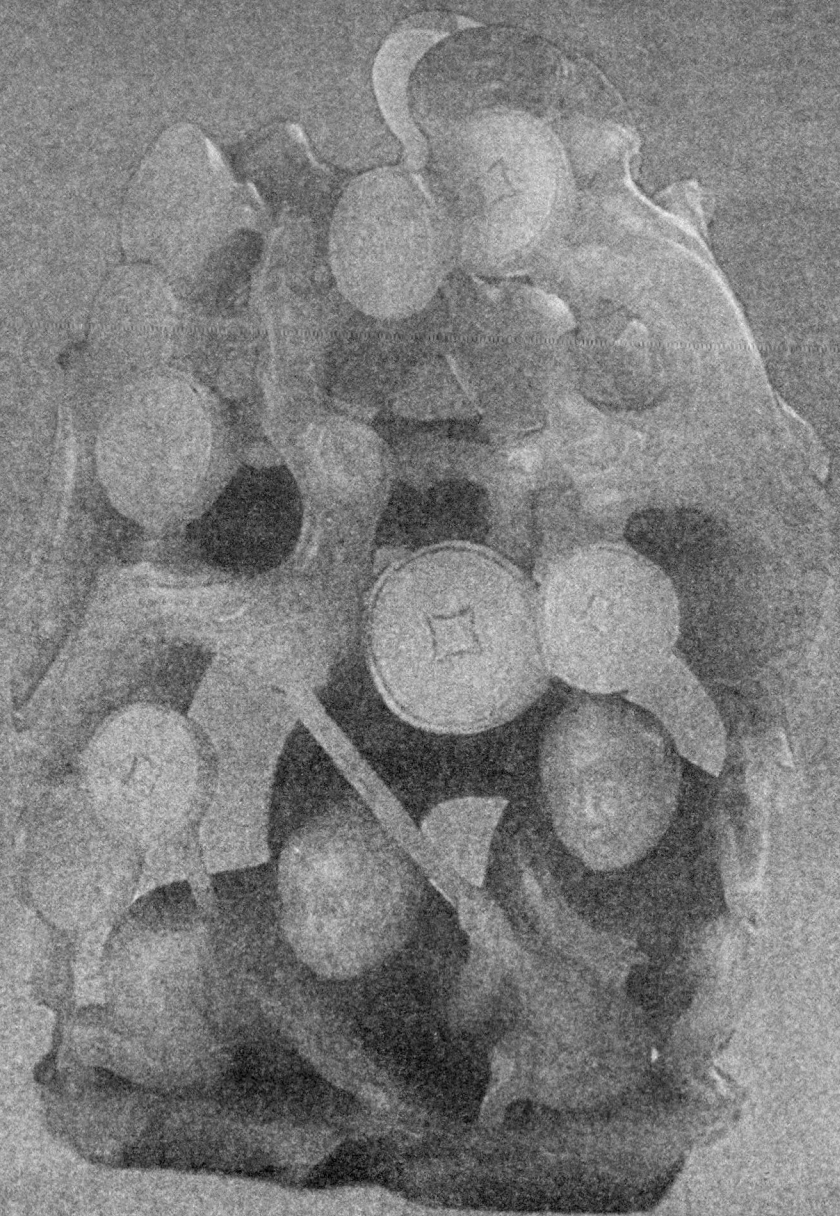

游龙的冠、尾羽和后爪也伸出外圈，冠及尾羽上下延伸成卷云纹，把外圈顶端空间填满，后爪为了不破坏与卷云纹呼应的效果，不表现其尖锐的爪子，因此形成了整体的和谐感。这块玉佩玉质圆润，制作精美，龙凤造型简约，符合美学标准，运用的卷云纹是当时的流行纹饰。龙居中凤居侧的安排表现出汉代开始以龙为主的观念。这件玉佩采用镂雕工艺，构图完美，主次分明，细致精密，是罕见的艺术珍品，代表了西汉玉器工艺的最高水平。

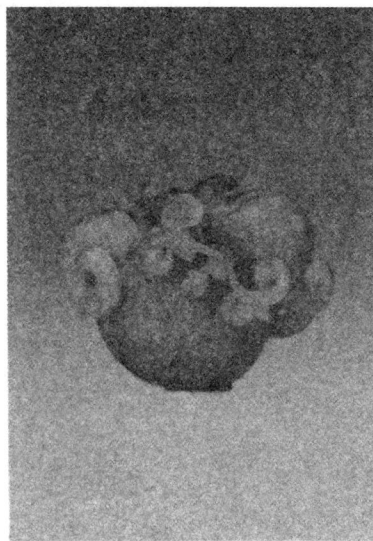

带有卷云纹的玉雕工艺作品

　　汉代圆雕玉器虽不多，但表现了汉代玉器造型艺术的高度水平。汉元帝渭陵附近出土的玉鹰、玉熊、玉辟邪和玉奔马，是一批难得的艺术珍品。其中玉奔马用白玉雕成，作奔腾前进状，马上的羽人双手扶着马颈，全器雕琢精巧，造型生动逼真。

　　汉代用于礼仪的玉器，从文献记载和考古资料考察，和先秦时期有所不同。《周礼·春官·大宗伯》所载用于"礼天地四方"的璧、琮、圭、璋、琥、璜（所谓"六器"），都属礼仪用玉。但到汉代只有璧和圭仍然作为礼仪上使用的玉器。玉璧在汉墓中出土很多，玉圭则从西汉中期以后逐渐消失。汉代玉璧的花纹，

玉挂坠

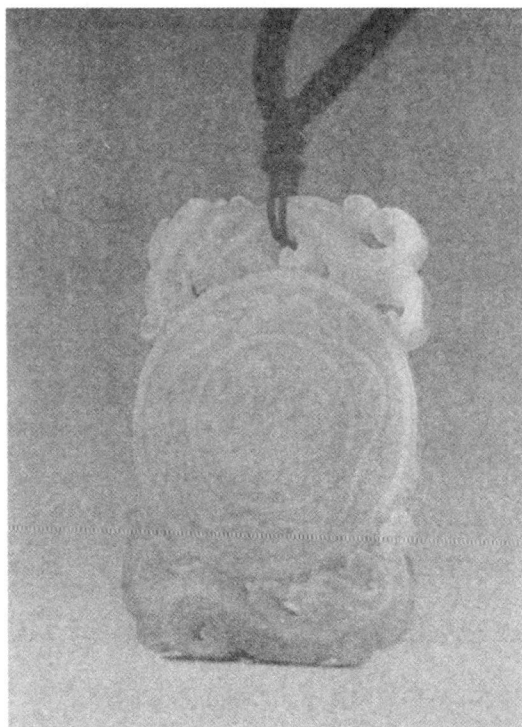

结合天然纹理打磨而成的玉器

鲜活生动的人兽玉器

除了传统的蒲纹和谷纹外，还流行着在蒲纹或谷纹的外面加饰一周兽纹或鸟纹。如满城汉墓出土的谷纹璧，外缘有透雕双龙卷云纹附饰，纹样优美生动，是汉代玉璧中的珍品。

两汉玉器对以精致著称的春秋战国玉雕艺术是一次重大突破，对后世玉器有重大的影响。

魏晋南北朝玉器

魏晋南北朝时期社会动荡不安，玉文化的发展受到严重的抑制，玉器的工艺也远远不及两汉时期的作品。

造型古朴的玉璧

这一时期传世和出土的玉器寥若晨星，做工也显得简略朴素，精品极少。

这一时期佛教深入民间，促使玉器生产转向新领域，纷纷以和田玉雕造佛像。

总之，高度发达的、处于巅峰地位的两汉玉器工艺渐渐走向低谷，同时又出现了向新领域转化的萌芽。

魏晋南北朝是处于以传统风格为主的汉代玉器辉煌期到开放的唐代玉器高峰期中间的低谷期。在这一时期，玉器风格简单，用途简化，装饰也简略了。

在这一时期里，汉代以前盛行的礼仪

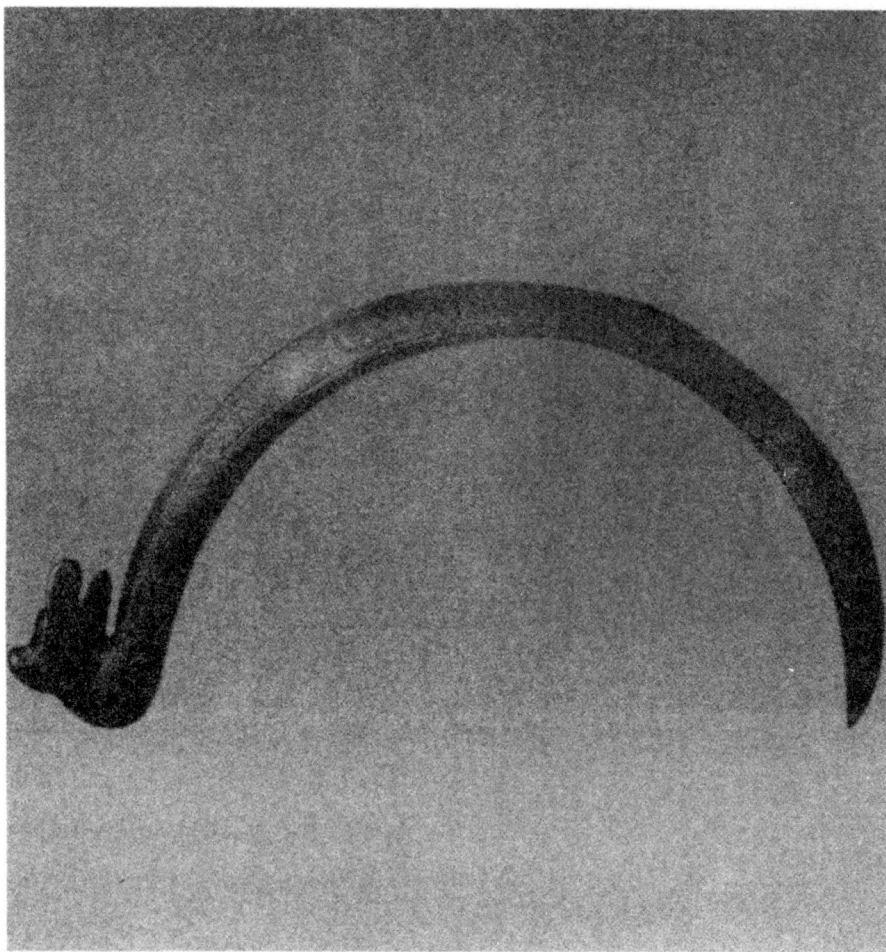

玉珩

用玉多已不见，偶尔得见的琮和璧等礼玉不是前代旧玉就是仿制品，毫无创新。丧葬用玉大为减少，不再受到重视。

魏晋南北朝玉器中有所创新的是日用玉和装饰玉。

玉珩是魏晋南北朝时期的流行玉佩，多数作如意云头状。玉珩是一种弧形片状玉器，属于古老的佩饰品，是成组佩

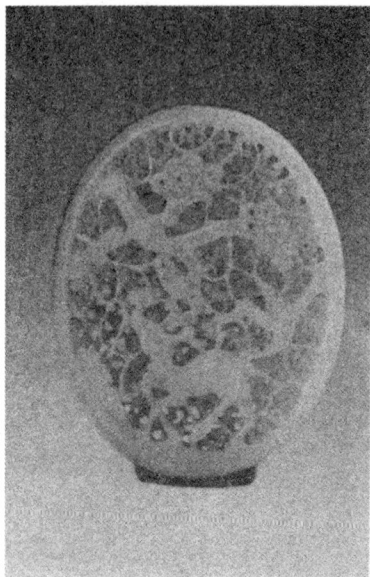

镂空、浮雕等手法在魏晋南北朝时期玉器雕刻上较为常见

饰中最重要的组件，在组佩的最上方，起着平衡整套佩饰的作用。玉珩作为成组佩玉的组成部分大量出现，其形式和纹饰极为丰富，普遍应用了镂空、浮雕等手法。

这一时期玉器的装饰风格有三个特点：一是汉代玉器装饰风格的沿袭，二是唐代粗阴线装饰的肇始，三是玉器总体装饰以素面为主。

总之，这一时期是从商、周、秦、汉以来中国玉器以礼仪用玉和丧葬用玉为主的古典玉器传统到唐、宋玉器逐渐以装饰玉器、实用玉器为主的中古风格的过渡期。

隋唐玉器

隋朝历史很短，不足 40 年，但却为大唐帝国的创建铺平了道路，打下了根基。在玉器史上，隋代玉器工艺也为唐代拉开了序幕。

隋唐的经济繁荣与文化发展，使得当时的对外交往密切，手工艺品成为了对外贸易的重要商品。这一时期出土的玉器有玉杯、佩饰、带扣、带板、玉簪、衮册等。

唐代玉器和器形与两汉魏晋南北朝风格不同，大量出现花鸟、人物饰纹，富有浓厚的生活气息。有实用价值的杯碗增多，

工艺复杂的玉鼻烟壶

并出现新型饰件和表示官阶高下的玉带饰物等。

唐代是我国封建社会的顶峰，玉器发生了显著的变化，主要表现在玉料的精美化、工艺的创造性、装饰的鉴赏性三个方面。

唐代经济的发展促进了玉器的发展，唐代文化艺术的繁荣是唐代玉器生存的土壤。

唐代丝绸之路再度畅通，确保了玉料的输入，而且使唐代玉器融入了异域文化。

旧的礼仪用玉退出历史舞台，出现了新的礼仪用玉。丧葬用玉几乎绝迹，

唐代玉器雕刻图案更为复杂精美

玉哀册

佛教玉器、实用玉器、玉摆件开始风行全国。

唐的礼玉已不用琮、璧，只有禅地玉册与哀册两种。

如"唐玄宗禅地玉册"，呈简牍状，五简为一排，以银丝相连。

玉哀册是帝王下葬时的最后一篇悼文，是称颂帝王功绩的。玉哀册呈扁平片

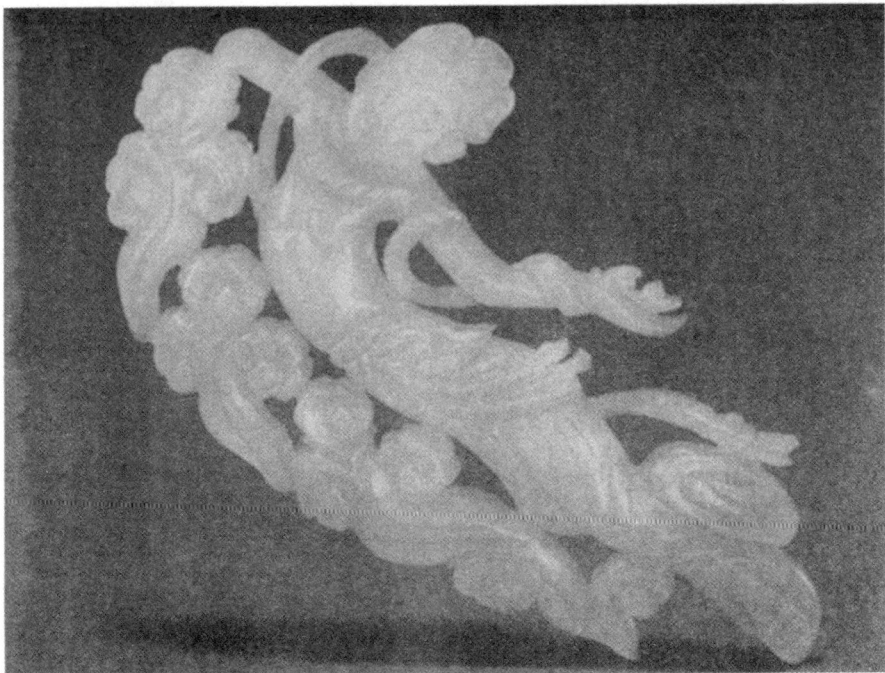

唐代玉飞天

状，但较宽较长，表面磨平，正面刻楷书文字，字内填金，背后有顺序编号。

唐代官员用玉有各式玉带板，碾琢虽不细，但形象富有生气，是唐官府玉的特点。玉不可以弯曲，因此，玉带是先制作成小型号的玉板，再串成玉带。这种小型号玉板即玉带板。这块玉带板宽5.4厘米，玉料白色，扁方形，浮雕伎乐胡人。胡人长须，两边卷曲，深目大鼻，双手高举乐器，席地而坐于毛毯之上奏乐，具有明显的西域色彩。

唐代佛教玉器主要有玉佛和玉飞天两

种。玉飞天多作女性形象，其形体可与敦煌壁画中的飞天媲美。

唐代宫廷用玉都是装饰玉，玉佩多用狻猊、鹿、双鹿、寿带、凤、双凤等祥瑞性禽兽图案。玉狻猊多取跳跃前蹲伏一瞬间的姿态，形神毕肖。玉鹿与金、银、瓷等器皿上的鹿纹一样，往往头顶生出盘状角，肌肉丰满，与后世的梅花鹿截然不同。

唐代玉器在装饰图案纹样上，广泛采用花卉纹。花卉图案非常完整，花蕾、花叶、花茎一应俱全。与花卉纹同时流行的还有如意云纹，如这件"青玉流云

玉飞天

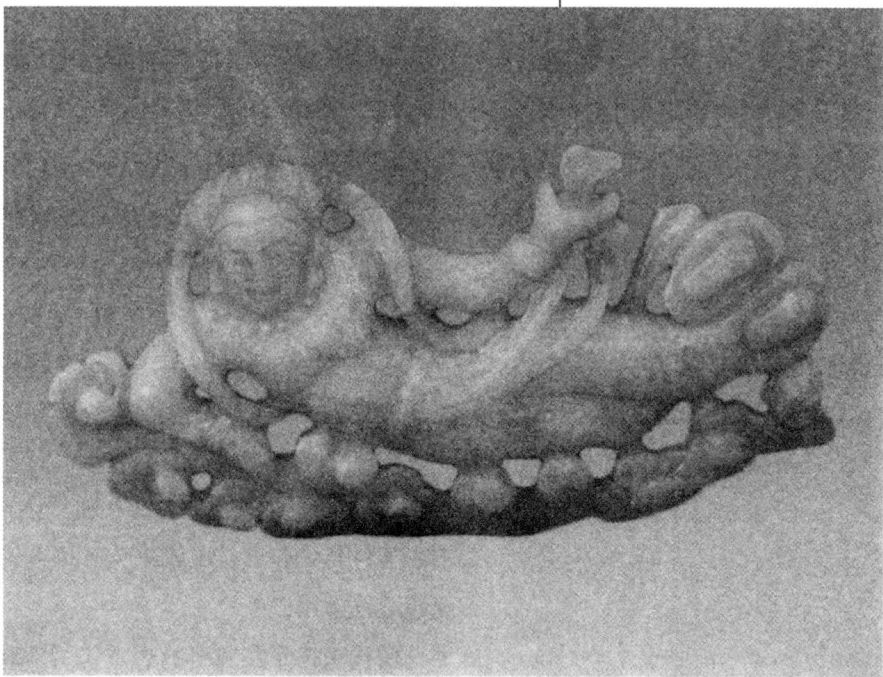

唐代玉器出现大量花鸟纹饰

纹单把杯"，光泽较强，用一团多歧如意行云作装饰，以起凸法碾云，颇有行云的流动之感。

在玉器上出现黄金饰件始见于战国至汉代，当时的黄金饰件主要起垂勾之用，如金链、金钩等。隋唐用黄金饰玉主要起装饰之用。

唐代玉器重在表现神韵，善于采取夸

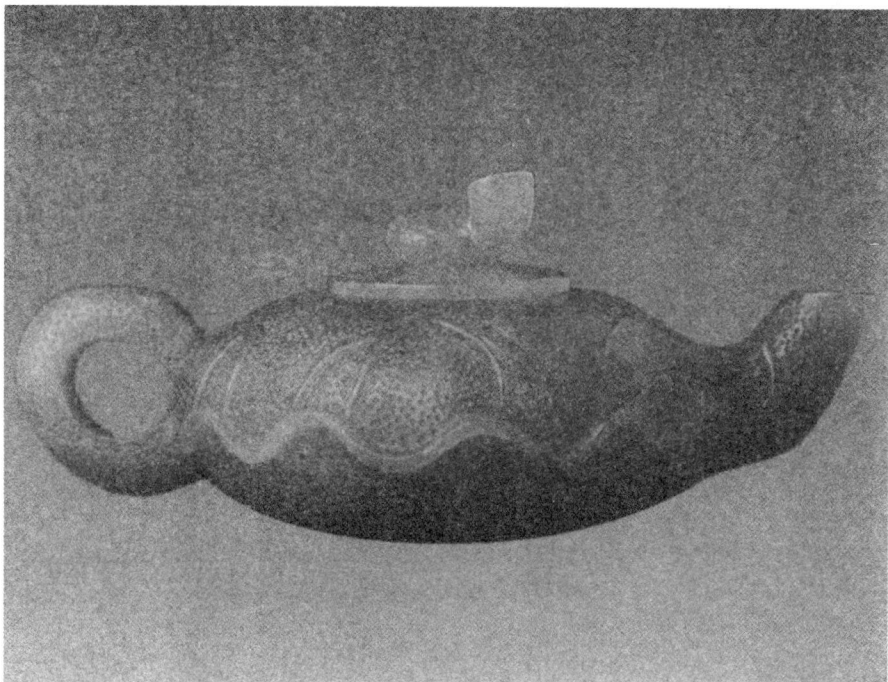

唐代玉器因材施艺，富有立体感

张手法突出形象的关键部位。碾琢大多趋向精练，以便于显示玉质之美。构图单纯，因材施艺，富有立体感，这是唐代制玉工艺的总趋势。

宋辽金玉器

宋、辽、金互通贸易，经济、文化交往十分密切，玉器艺术也得以共同繁荣。

宋代金石学兴起，工笔绘画大为发展，城市经济繁荣，促进了宋、辽、金玉器的空前发展。

宋、辽、金玉器以实用装饰玉器占重要地位，玉器更加接近现实生活了。

宋代玉器有浓厚的绘画趣味

宋代玉器构图复杂，多层次，形神兼备，有浓厚的绘画趣味，完成了由唐代工艺性、雕塑性向宋代玉器绘画性的转变。

皇家用玉有玉束带、玉佩、玉辂、玉磬、玉圭、玉册。

民间用玉较前朝为盛，皇家、官僚及民间均收藏古玉，仿造古玉成风，出现了古玉、时作玉、伪古玉和仿古玉等。

宋代传世古玉较多，如"白玉云雁带环"，长7.7厘米，宽4.9厘米，重48克。长方形，下有一环。通体镂雕鸿雁云纹，长喙圆目，长颈展翅，在云中飞翔。身上羽毛用阴刻线浅雕，姿态优美流畅。背面

六对鼻形穿孔，环上饰有云纹。造型新颖，极为精美。

宋代出土古玉很多，滋长了仿制古玉之风。仿制古玉可追溯到商周时期，唐代也有仿制同时代其他质地器形的玉器，但基本上是仿摹同代器形。大量仿制远古时代的玉器，始于宋代，因此，严格意义上的仿古玉应从宋代开始。

绘画性玉器始于宋代，到清代达到辉煌的顶峰。这是绘画艺术与雕塑完美的组合。在中国玉雕史上，花卉形玉器以宋代最为精美。如"玉环托花叶带饰"，直径6.5厘米。白玉制作，表面有褐色斑。圆

辽代玉器

形，多层次，下层为一圆环，上层镂雕花卉，中部两朵花交错，周围饰叶、花，叶上用深、浅两种阴线表现出花叶的筋、脉，图案简练紧凑。左侧近环处露一孔，以备穿带。这是典型的宋代花卉图案，主要特点为花叶简练紧密，花及叶数量不多，用大花、大叶填满空间，图案表面少起伏，叶脉以细长的阴线表现，在透雕的表现方法上注重图案的深浅变化而无明显的层次区分。

宋代实用玉器不仅比唐代品种多，数量也多。文房玉具已不在仅仅是文人把玩的玉件，而是供文人书写的实用玉具。

辽代是中国东北辽河流域由契丹建立的地方政权，长期与汉族相邻，深受中原先进文化的影响，玉器也不例外。辽代肖生玉器以动物造型为主，植物和几何造型很少，这与契丹以游牧经济为主，长期与动物为伍有关。考古发现的辽代玉器较少，种类主要有玉飞天、玉带、玉水盂、玉盒、玉砚、像生玉器、玉佩及一些水晶、玛瑙、琥珀制品。其创作题材大多选自日常生活中常见的事物，写实性很强，具有一定的鉴赏价值。

辽代玉器从其所反映的文化特征而言，可分为四类。其一为具有契丹民族

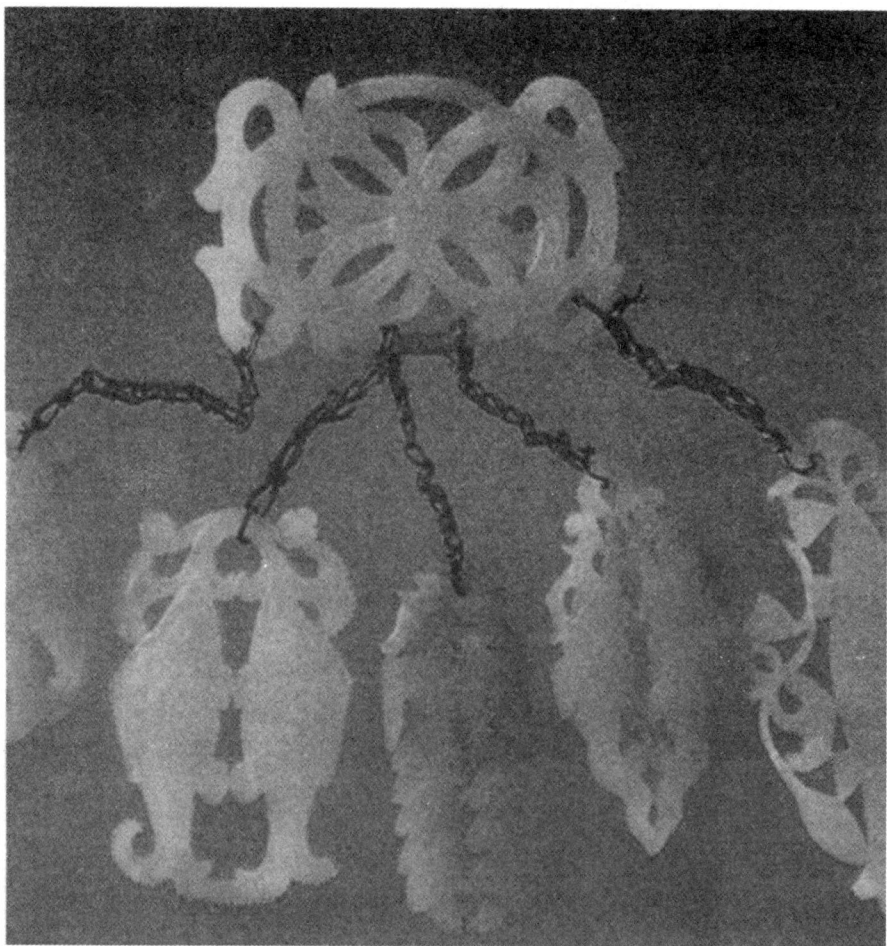

辽代玉器龙、凤、鱼、摩蝎形玉佩

特色的玉器。如臂鞴、项饰、胸饰、臂饰，圆雕熊、海东青、天鹅、雁，首次被用作玉器题材的蝎子、蛇、蟾蜍、猴子、蜥蜴等。

如"白玉春水佩"表现的是身型较小的海冬青啄击天鹅脑壳的残酷情景，体现北方游牧民族尚武斗狠、崇尚搏击的民族精神。玉件雕琢较为粗糙，比例不很协调，动物的细部表现欠精细。这正是当时的工艺水平的具体反映。

另一类仿自中原的造型，如玉带、圈足碗、圈足杯，以及龙、凤、鸳鸯、鸟、蝴蝶、兔、龟、鱼、荷花等纹饰或造型。如"和阗白玉雕飞凤佩"。

第三类是具有西方文化特征的玉器，如玛瑙花式碗通高5厘米，口径11.3厘米，底径5.7厘米，六瓣海棠花形口，深腹，圈足，内外壁均有紫红色的斑纹。造型典雅秀丽，质地致密，晶莹剔透。

最后一类源于佛教造型，有飞天、摩竭、海螺、塔、金刚杵、法轮、斧等，如

晶莹剔透的写实玉雕

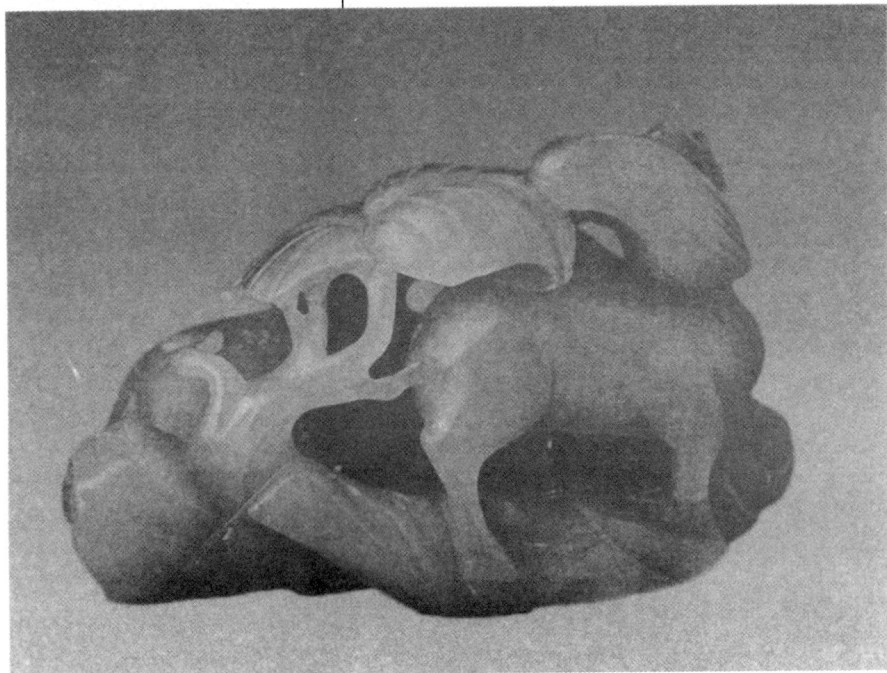

"青玉神像"，端庄沉静，令人肃然起敬。

总之，辽代玉器包含了契丹文化、中原文化、西方文化、佛教文化诸多因素。

金代玉器具有浓郁的时代特色与民族风格。金代玉器之所以繁荣，一是女真族在契丹及北宋地区大量掠夺珍宝，刺激了金代玉器的发展；二是学习先进的中原文化，促进了金代玉器的发展；三是金代有较为充足的玉料、玉匠，加速了玉器的发展。"春水玉"和"秋山玉"是金代玉器的代表作。

春水玉是反映春季围猎时放海东青捕猎天鹅场景的玉雕。

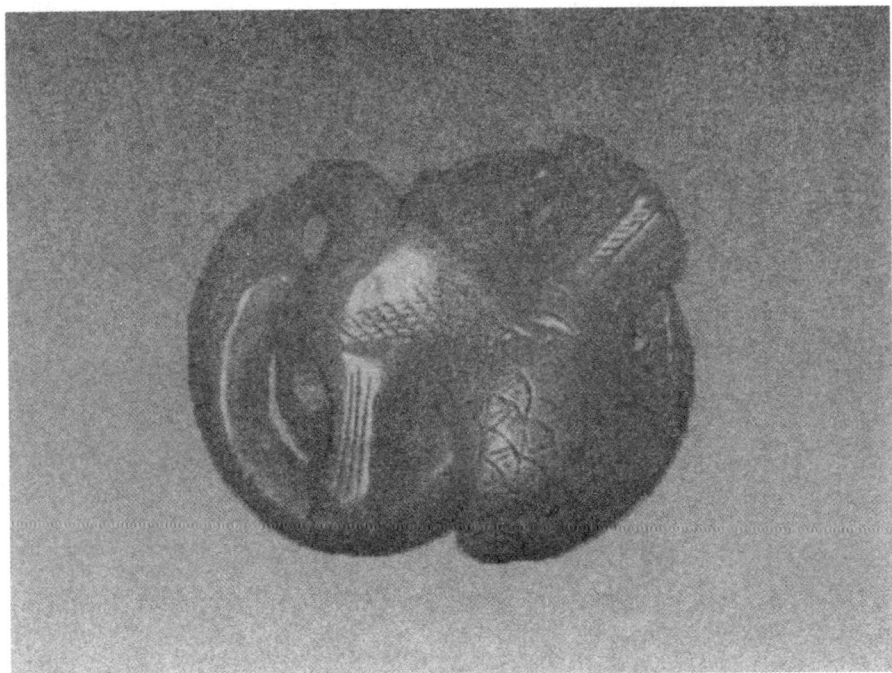

辽金春水玉

契丹、女真均是北方游牧民族，渔猎经济占主导地位。春水、秋山原为契丹族春、秋两季的渔猎捺钵活动。契丹族本无定所，一年之中依牧草生长及水源供给情况而迁居，所迁之地设有行营，称为捺钵。女真族建立新政权后，承袭了契丹的旧俗，以狩猎为春秋两季的娱乐活动，并将捺钵渔猎活动改称"春水""秋山"。这件金代青玉海东青攫天鹅带环长5.9厘米、宽3厘米。灰白色，通体镂空，采用分层处理的技法镂雕海东青攫食天鹅的残酷情景。矫健的海东青紧紧啄住天鹅的脑门，海东青和天鹅的细部均用阴线雕刻，

富有很强的立体感，器左右两侧均有长方
形穿带孔，底部为椭圆形环，鲜活粗放，
是典型的金代风格。

　　秋山玉是表现女真族秋季狩猎时射鹿
的情景。在金代，秋捺钵也称伏虎林。
场面不像春水残酷无情，而是兽畜共处
山林，相安无事，一副宛如世外桃源的
北国秋景。

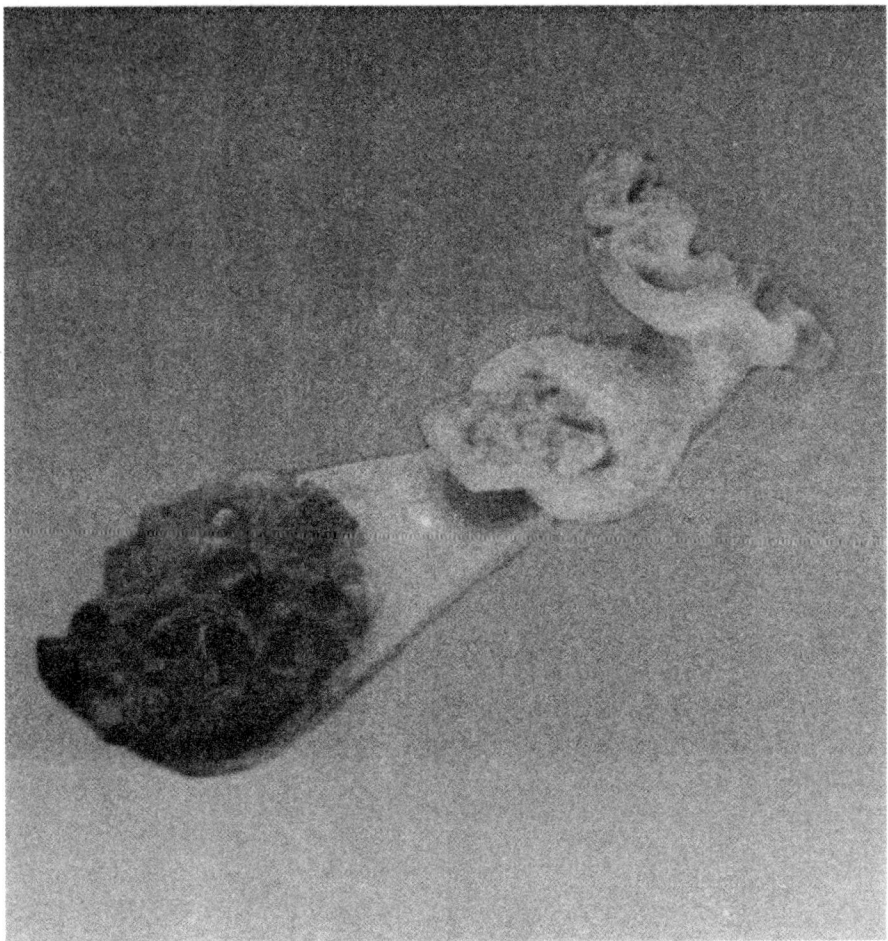

玉龙首带勾环

元代玉器

蒙古在灭掉金国之前，几乎没有琢玉手工业。灭掉金国后，特别是建立元朝后，将首都迁到大都，也就是现在的北京，由于受金文化和汉文化的影响，琢玉手工业才得到很大的发展。

元代琢玉手工业继承汉族传统，学习宋金传统工艺，网罗大批工匠，从事官办

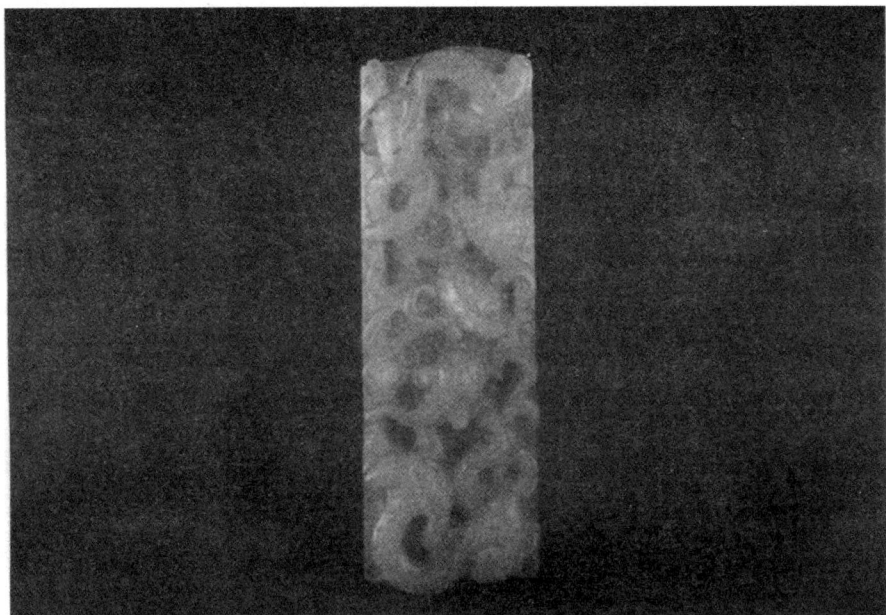

玉双螭纹臂搁

手工业生产。

金代沿用宋金玉器传统题材，延续花卉纹，重视螭虎纹，将春水玉、秋山玉进一步世俗化。

螭虎是龙子之一，螭虎纹始于西汉，历代虽有雕琢但不多。而元代的螭虎纹不仅应用得多，而且非常成功，并创造了一代风格。如"玉双螭纹臂搁"，长10厘米，宽3.4厘米，厚1厘米。臂搁为片状，长方形，两端呈"S"状，两侧下卷，正面凸雕双螭衔灵芝图案，背面饰云纹。臂搁又称秘阁、搁臂、腕枕，是用竹子、象牙和玉等材料制成的文房用具。臂搁呈拱形，以竹制品为多。我国古代的书写格式是自右向左，写下一行时，前一行的字迹往往未干。为了防止手臂沾墨和弄脏纸上的字，文人发明了这种工具，写字时将它垫于臂下。一般用去节后的竹筒，分劈成三块而成。此臂搁用玉制成，极为珍贵。

元代朝廷对朝廷用玉十分重视，一方面为了便于在汉族地区进行统治，另一方面也是为了满足蒙古贵族的需要。

元代官办手工业很发达，元朝政府设有管理手工业的机构和官办手工业作坊。元朝的官办手工业玉作坊以大都为主，那里有金代的琢玉传统。另一个玉作坊设在杭州，那里有南宋良好的琢玉

构图完美、细致精密的艺术珍品

基础。

　　蒙古族原是塞外的游牧民族，射猎对他们而言，不仅是习武，更是获取生活资源的主要方式。在统治中国之后，蒙古王室依旧保持狩猎的传统。一方面以打猎取乐，另一方面为了习武。

　　元代一年有两次重要的狩猎季节：春天与秋天。春天到水滨去猎大雁和天鹅，秋天时到山林间去猎。以春秋狩猎活动为题材的玉雕同契丹和金人一样称为"春水珮"和"秋山珮"。如"元海东青攫大雁玉饰"，高约八厘米，以海东青捕杀大雁为主题，以云水为衬托。大雁双翅已垂，颈已弯曲，只剩残喘了。海东青据雁首而

玉镂雕龙穿花佩

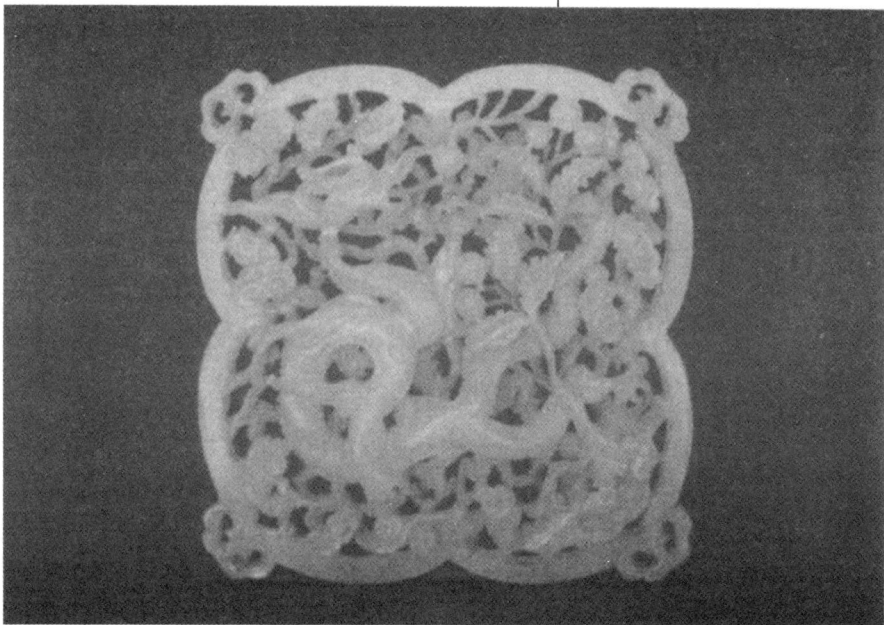

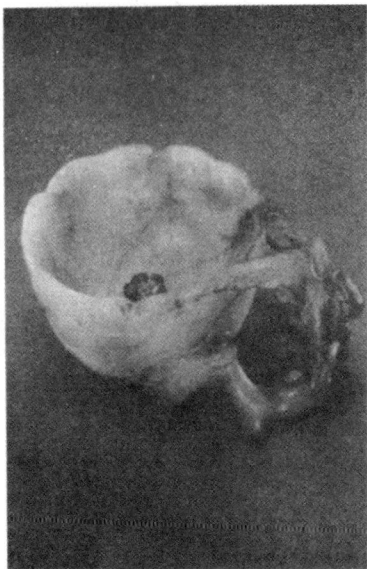

元代玉器承延宋、金时期的艺术风格

立，描写的正是残酷啄杀的刹那间情景，令人惨不忍睹。云水及海东青、大雁，都以极深的镂雕法处理，加强了玉雕的深度，极具立体感。

元代处理公文的玉器有玉玺及玉押。

玉押始于五代，但实物始见于元代。元代百官多为武夫，只能弯弓射箭，不能执笔画押，于是便以象牙、木料制印。而玉印，也就是玉押，只有一品以上高官由朝廷特赐方可使用。

元代玉器形体较大，雕琢技艺炉火纯青，装饰技巧新颖别致，花卉纹、螭虎纹装饰应用得非常成功。玉器的搭配技巧十分熟练。

元代仿古玉器较多，最明显的仿古实物要属玉瓶与玉尊，仿摹对象或为周代青铜尊，或为早期陶瓷贯耳瓶。这为清代玉器大量仿摹青铜器、陶瓷器开了先河。

明代玉器

明代的生产力有很大发展，城市手工业、商业都很繁荣。在此前提下，玉器制造业也相当发达。

明代玉雕的趋向是进一步世俗化了。明中期东南一带社会相对稳定，城市繁荣，民间富裕，玉器产量激增，玉琢技艺发展更快，出现了不少琢玉大师。其

明代玉九螭璧

中以苏州陆子冈最为有名，由他琢制的玉器称为"子冈玉"，巧夺天工，卓绝千古。

苏州制玉业代表着全国玉器工艺的发展趋势，此期具有代表性的玉器有明定陵出土的玉带钩、玉碗、玉盂、玉壶、玉爵、玉圭、玉佩、玉带等，包括万历皇帝生前的御用玉器和死后的殉葬玉器。其中的玉爵使用了錾金和珠宝镶嵌工艺，更是绚丽多彩。

这只玉爵由金盘和玉爵两部分组成，高14.5厘米，金托盘高1.5厘米，直径19.7厘米，重量499.5克。

玉料呈青白色，质地晶莹润泽，杯体略呈椭圆形，流与尾的区分不明显，口沿中部有柱状纽一对，侧面有一雕成爬龙形状的手柄，底部有三个牙形足，形同鼎足。器表以细线刻画仿古纹饰。

承托玉爵的金托盘内饰有凸起的游龙纹，两条五爪金龙飞舞盘旋于九霄云间，作戏珠状。盘正中的金托座呈起伏错落的高山形，山顶设有三孔，用以插入玉爵三足。盘内及托座上均镶嵌各种宝石，红、绿、蓝交相辉映，耀人眼目。

明代市民文艺兴起，推动了玉器的世俗化进程，福瑞吉祥的谐音题材极为风行，这种吉祥图案是为了祈福，反映百姓的美好愿望。如"万"字寓意万寿无疆，桃寓意"寿"，鹿寓意"禄"、"高官厚禄"，象寓意"太平有象"，羊寓意"吉祥"，鱼寓意"有馀"，雀鹿寓意"爵禄"，蝠鹿寓意"福禄"，一枝荔枝寓意"一本万利"。这类玉器的代表作有"玉寿鹿山子"，此器高14.8厘米，宽9厘米。玉料为青绿色，

明代金托玉爵

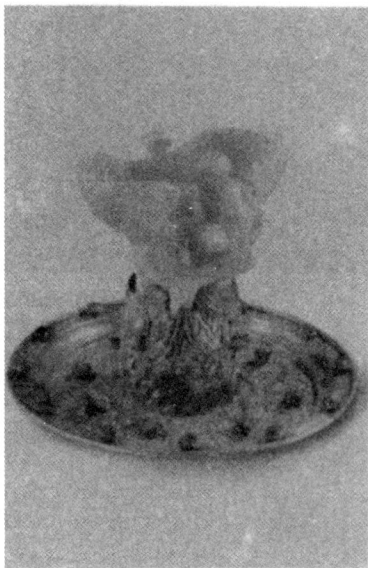

玉寿鹿山子

雕立体山林景致。作品下部为山石，上部
高树成荫，并结有桃实。树下一老人着长
袍立于石上，左手轻抚身旁小鹿，右手持
如意，搭在肩上。崖下又有一小鹿，口衔
灵芝，仰首面向老人。布局有致，以桃、鹿、
如意、老人之造型表现吉祥长寿的主题。
此器采用镂雕技法，保留较多的孔洞以表
现山石的风化与穿孔。树木枝叶精雕细琢，
打磨圆润，具有典型的明代玉雕艺术的造
型风格。

　　明代复古心态严重，促进了仿古玉的
发展。明代仿古玉有两类：一是仿古彝器，
造型与汉以前器物接近，追求典雅古朴之
美。宫廷仿古玉属此类。如"玉八出戟方

晶莹圆润的玉璧

觚", 方柱形, 分为上、中、下三部分: 上部为撇口, 粗颈, 其外饰阴线琢出的变形蝉纹及双夔纹, 四面花纹相同; 中部为觚腹, 四面微外凸, 饰变形蝉纹, 花纹与觚颈纹饰相呼应; 下部与上部对称。但稍短, 饰变形蝉纹。足下有一周方形榫式座。

觚四面的中部各有一道凸起的戟线，戟线分成多节，每一节上有阴线图案。觚的四角饰有镂雕的卷草形装饰，称为出戟。四面及四角出戟者称为八出戟。明代多用觚作为室内陈设，觚内或插如意，或插博古挂件。

二是以假乱真，牟取高利，民间玉市仿古玉多属此类。当时古玉已成为古董，是高价商品。商人为了获取高利，便用劣质玉、掺色玉等廉价玉材制造了大批假古董，玉器数量激增，忽视艺术，精品极少，多与金银宝石镶嵌工艺结合。这是城市商品经济繁荣、玉器生产商品化的结果，也是我国玉文化的新变化。

明代的玉器追求精雕细琢

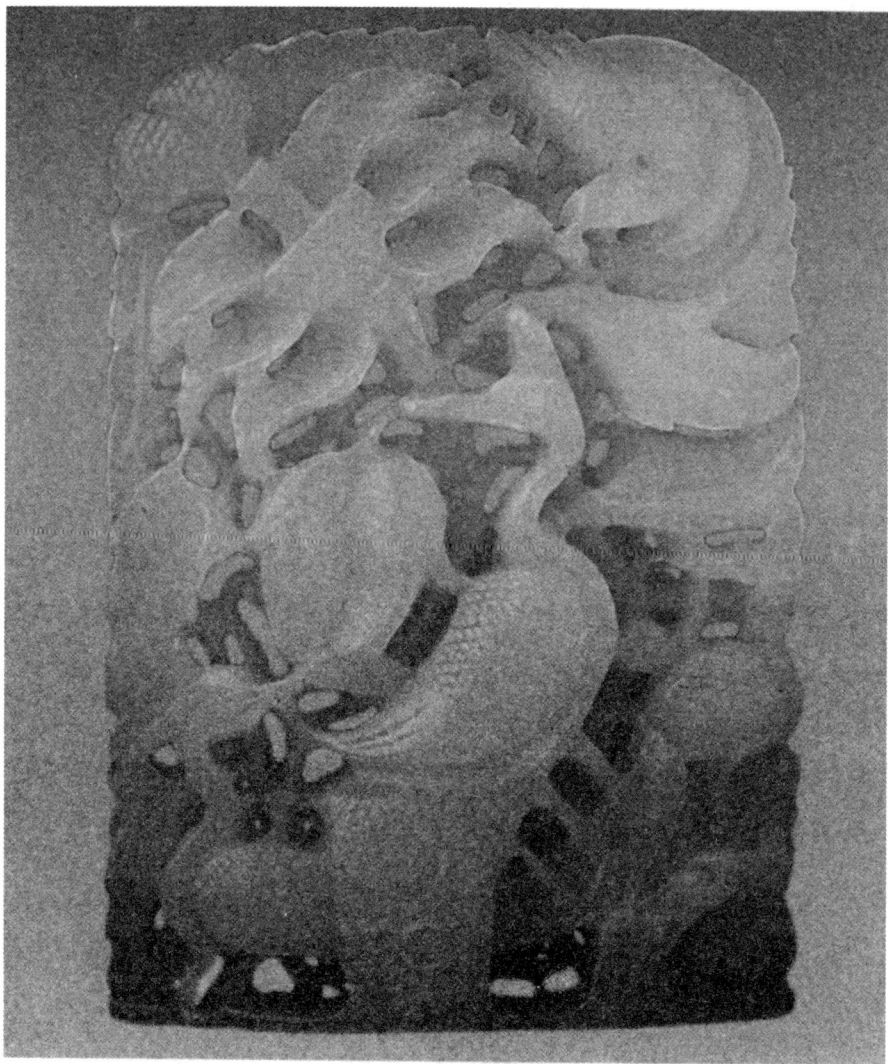

明代玉器雕工细腻、装饰唯美

明代玉器的发展变化是与社会的变化相关联的。从总体上看，明代玉器渐渐脱离了五代两宋玉器形神兼备的艺术传统，形成了追求精雕细琢装饰唯美的艺术风格。

清代玉器史

明朝末年，清兵入关后，吴三桂追击南明永历帝到缅甸，从而打通了缅甸翡翠运入中原的路线。

乾隆时期，在西北用兵，又打通了和田玉内运的路线，使和田玉大量涌入内地。

这一切促进了清代玉器工艺的迅速发展，开创了我国古代玉器史上最为昌盛的时代。

顺治、康熙年间战乱频仍，民不聊生，玉器行业处于萧条状态，产量很少，但宫廷用玉仍不乏精品。

雍正年间经济复苏，手工业大为发展，玉制业也重又崛起了。

乾隆、嘉庆年间为清代玉器的昌盛期。这时，宫廷玉器充斥各个殿堂，各大城市玉肆十分兴旺。民间爱玉之风兴盛，玉器的用途更加广泛，陈设玉器、生活玉器、玉佩饰、祭祀用玉器、玉偶像、玉文玩、玉用具、镶嵌玉等品类齐全。

清代宫廷玉器做工严谨，一丝不苟。有的碾琢细致，如雕如画；有的在抛光上不惜工本，展示出玉器的温润晶莹之美。

乾隆玉器是清代玉器的代表，有仿古玉和时作玉两大主流，此外还有仿痕都斯

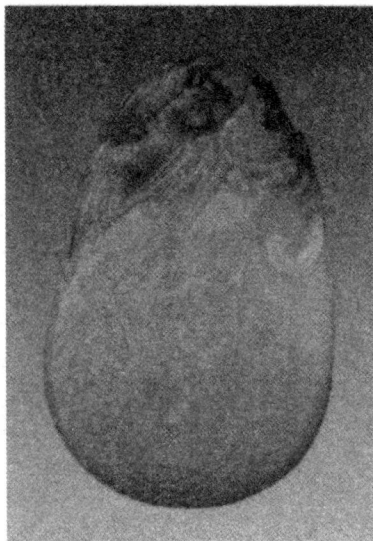

清代玉佩饰

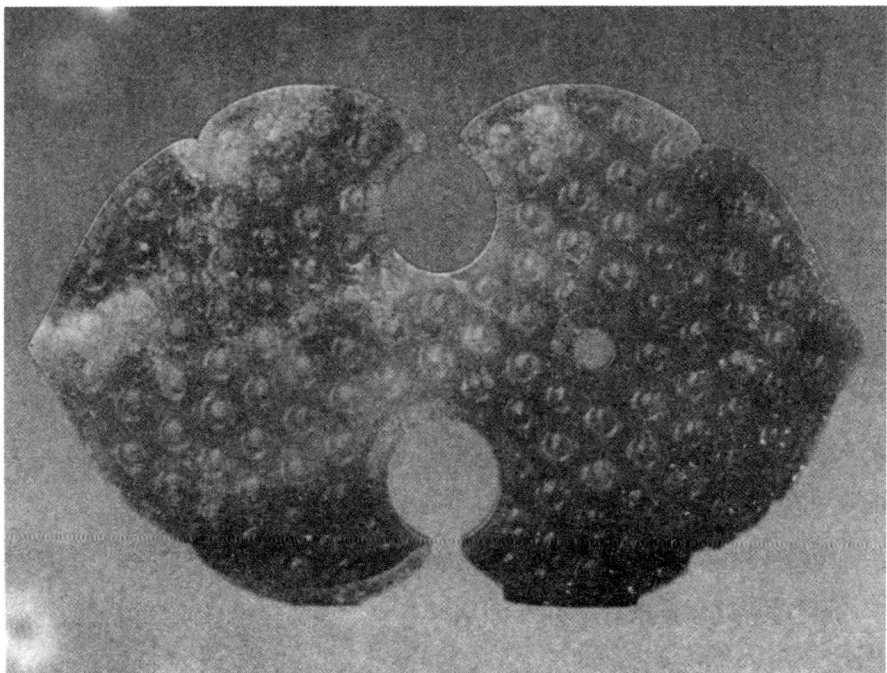

仿古云纹玉璧

坦玉。

仿古玉，一种是仿古彝，即仿商、周青铜器的造型和花纹；另一种是仿汉玉。如南京博物馆收藏的乾隆年间的仿古龙纹玉璧。

时作玉器形制多种多样，图案、做工均极丰富多彩。如"五子登科玉杯"，高6厘米，口径7.5厘米，足距3.6厘米，杯外环立五子，口沿外留出一块未加装饰，以便使用。

仿痕都斯坦玉器的兴起，是由新疆地方大吏搜罗痕都斯坦玉器进贡内廷，得到乾隆皇帝欣赏并下旨仿制之后开始的。

痕都斯坦玉也称印度玉，西方称莫卧儿玉，具有阿拉伯风格的造型和花纹。其特点是抛光强烈，器薄如纸，做工精湛。其风格波及北京、苏州、扬州等玉肆，如"佛像碗"。

道光、成丰年间，战火遍地，内忧外患使国家经济严重受挫，新疆玉贡完全停止，宫廷玉器制作每况愈下，有时甚至停

清代玉器摆件

止碾制了。

地方上的玉肆也因原料不足而纷纷倒闭。特别是太平天国起义以及前后两次鸦片战争爆发后，制玉重地苏、扬二州处在战争中心地带，玉器生产受到严重破坏，清代玉作再也没有振兴。

清代是我国封建社会最后一个王朝，对多民族统一国家的形成与巩固作出了巨大贡献。在这一历史背景下，玉器得到了空前的发展，形成了我国古代玉器史上的最高峰，其玉质之美、器形之多、产量之大、使用之广都是历史上任何一个朝代所不能媲美的。

清代玉器以摆件和佩饰最多，也最精美。摆件有仿青铜器的仿古器皿和具有各种吉祥寓意的动物造型。新增的品种有山水、花鸟、玉山子、浮雕图画式的玉屏风等等。玉佩饰的种类更是丰富多彩。此外还有各种玉质的实用器皿，如文房用具。

清代玉器善于借鉴绘画、雕刻、工艺美术的成就，集阴线、阳线、镂空、俏色等多种传统工艺及历代的风格之大成，有着鲜明的时代特点和极高的艺术造诣，为我国古代玉器的发展作出了不可磨灭的贡献。

四　古代著名玉器

"玉齿饰璋"，商代玉器，1986 年于四川广汉三星堆遗址一号祭祀坑出土。

此器长 25 厘米，宽 7.11 厘米，厚 0.64 厘米，栗黄色，一侧经火烧呈鸡骨白色。射前端薄而宽，后端厚而窄，两面扁平，射端刃口呈凹弧形。长方邸，邸前正中有一圆穿。后端两侧有齿饰，与两面齿饰对应处有平行阴线。

商代出现了我国最早的俏色玉器——玉鳖，有了大量的圆雕作品，令人叹服。

俏色是玉器行业中一个通用的专业名词，是指利用玉石本来颜色加工玉器的一种技巧。例如，有五块通体为白色的玉石，上面带有一些红点和黑点，经

玉鳖与石鳖

过玉雕艺人的精心设计，可加工成五只生动活泼的鹅，用玉上的红点作鹅的脑门，黑点作为鹅的眼睛。如果其中一块玉上只有一个黑点，无法制成两只眼睛，艺人就让这只鹅的头向一侧稍歪，做成正在争食状态，只让人看到一只黑眼珠。于是，这件作品便巧妙地运用了玉石本身的颜色。这样制出的玉器被称为俏色玉器，也称巧色玉器。

这件"俏色玉鳖"长4厘米，黑背，头、腹、四肢均为白色。俏色利用得生动自然。腹部右上方有一圆孔，可供系挂。

这件玉器利用玉料本身不同的天然颜色，巧妙地雕刻成动物的肤色和器官：玉料的墨色部分作成鳖的背和双目，灰白色部分作成鳖的头、颈、腹和足。

西周玉佩突破了以往多以单体为佩的习惯，开始向组佩方向发展，即由若干件玉璜和一些不同质色的玉管和珍珠串缀而成一套组佩，给人一种光彩夺目和富丽堂皇的新鲜感。

成组佩玉互相撞击，能发出优美的玉声，能控制人，让人按一定的规律移动步伐，玉能随人移动而摇动。组佩因此又名叮当、节步和步摇。除上述三点外，组佩还能美化服饰，表示人的等级高。如"三璜双环双块玉佩"，长约50厘米，1993

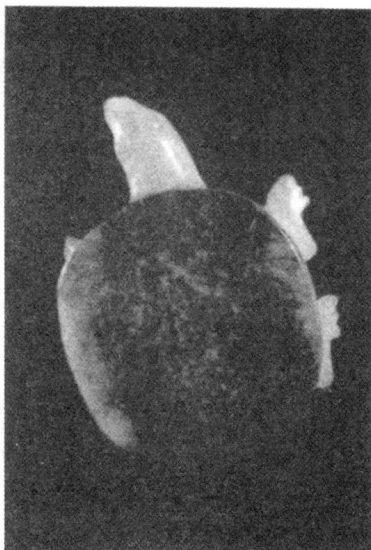

玉鳖

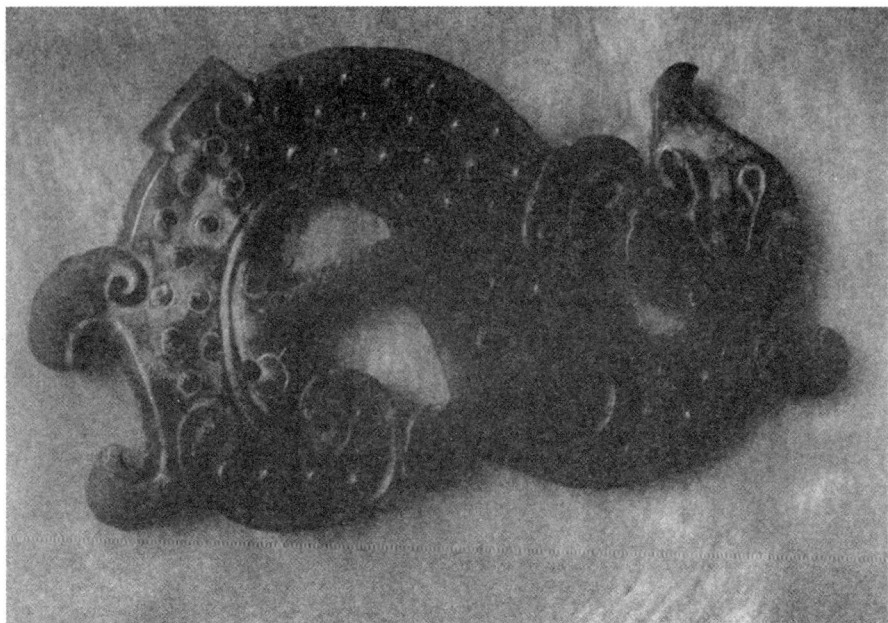

龙形玉璧

年于山西省曲沃县晋侯墓地出土，现藏山西省考古研究所。这件组佩出土时在死者颈部，呈U字形摆放，两端为环，环上各放一块，环下各以绿松石珠、玉管、玛瑙珠串连宽玉璜各一块，两玉璜下又各以绿松石珠、玉管、玛瑙珠共同串连一块窄玉璜。玉环素面无纹饰，璜表面饰阴线云纹等。

早在原始社会，璜和璧，尤其是与璧形相类似的环、瑗，就同玉管、玉珠等玉饰件组合在一起，形成组佩的雏形。组佩既有礼玉的性质，又有引人注目的装饰功能。随着结构的复杂化和制度化，组佩逐渐成为权贵身份的象征或标志，尤其是在西周礼制中占有举足轻重的地位。西周形成了以多璜组佩为主的佩玉制度，多璜组佩已成为代表大贵族身份的标志。这件三璜双环双珏玉佩即其代表。

湖北曾侯乙墓出土的多节玉佩用十三节玉片组成一套组佩，工艺难度是很大的。

组佩整体为一条巨龙，通体长达48厘米，用五块玉料、一个玉环和一根玉锁钉雕成可以活动卷折的十六节。用透雕、浮雕、阴刻等工艺雕成三十七条龙、七只凤和十条蛇，并饰有谷纹、云纹、斜线纹。出土时，此器置于墓主头部，为冠上玉缨，即帽带。第二节玉璧上的云纹采用压地手法，璧的四周攀附四龙，这种形制是战国晚期才广为采用的；第十一节雕成三条蟠龙相连的玉佩状，龙身为S形，这是春秋后期在中原开始流行的玉佩造型，十六节玉饰巧妙地把它们用在一条大龙身上；第十二及十三节的玉饰分别由双首相向和双首相背的蟠龙构成，每条龙身上各刻一条龙；第十五节玉饰的两端分别刻有立凤和凤鸟衔蛇图案，这种图案是楚国常见的题材。

此器是战国早期玉器中不可多得的

清代意境深远的玉雕作品

金缕玉衣

珍品，玉料细润，工艺精湛，分别雕有龙、凤、螭等，并间饰几何纹，集阴刻、浮雕、镂空、接榫、碾磨于一器，工艺复杂，难度极大，表现了战国早期高度的治玉水平。

汉代人认为玉石能使尸骨不朽，所以用于丧葬的玉器在汉玉中占有重要的地位。葬玉主要有玉衣、玉九窍塞、玉琀和握玉。玉衣是汉代皇帝和高级贵族死时穿的殓服，外观和人体形状相同。完整的玉衣由头罩、上衣、裤筒、手套和鞋五部分组成。每部分都由许多小玉片编成，根据等级的不同，用于编缀玉片的分别为金缕、银缕或铜缕，个别还有用鎏金铜缕或丝缕编联的。满城汉墓所出的两套金缕玉衣是考古发掘中第一次发现的保存完整的汉代玉衣。其中中山靖王刘胜的金缕玉衣用一千多克金丝连缀2498块大小不等的玉片，由上百个工匠花了两年多的时间才完成。整件玉衣设计精巧，作工细致，是空前绝后的艺术瑰宝。王妃窦绾的玉衣共用玉片2160片，金丝重700克。

金缕玉衣体积大，结构复杂，经过精心设计制成，制作所费的人力和物力十分惊人，是汉代治玉工艺高度发展的产物。

魏晋南北朝的陈设玉器有玉辟邪、玉瑞兽等，如"南北朝玉辟邪"，高4.7厘米，长3.3厘米，宽1.2厘米。圆雕，呈蹲踞形。昂首，双角后垂，张口露齿，颌下长须齐胸，细颈，挺胸，身有双翼，长尾上卷，前足伸出，后足曲踞。两颊间横穿一孔，供穿挂用。我国古代传说辟邪为神兽，可除群凶。

唐代玉制器皿极多，其中最为优秀的有"青玉四逸图椭圆杯"。此杯似觥无耳，底部有很小的圆柄形足，杯上用阴线刻出四位高人，宽衣博带，坐于毯上，分两组相对而饮：一组刻身体肥胖的在挽袖酌酒，瘦削长须者举觥畅饮；一组刻一人右手执杯，与对面跌坐者相对而语。两组均有童

南北朝玉辟邪

古代著名玉器

111

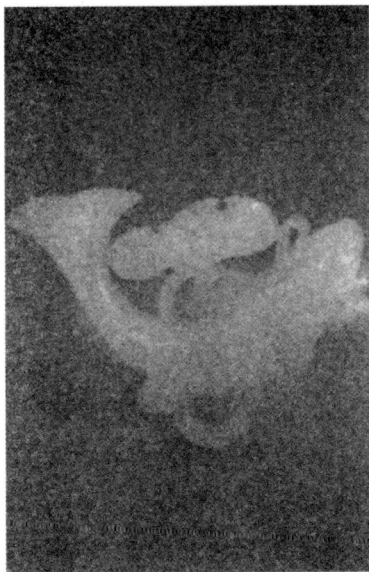

玉鱼莲坠

雕刻细致精美的玉器

子服侍。"玉鱼莲坠",宋代玉器,长6.2厘米,宽4厘米,厚0.6厘米。鱼头较小,长身无鳞,鱼身弯成弧状,昂首,尾向上翘,鳍短而厚,计六片,上有细阴线。鱼身上伴一荷叶,长梗弯曲,盘而成环,可穿系绳。西周以后鱼类玉器数量锐减,唐代渐多,宋代佩鱼之风大盛,出现了较多的玉鱼,或与荷莲、茨菰相伴,或仅为单鱼,或无鳞,或饰横向水线,或饰网格纹。此风一直延续到元、明、清三代。"玉鱼莲坠"寓意连年有余,是吉祥图案。

由于受玉材及雕琢技艺的限制,中

渎山大玉海

国玉器一向小巧玲珑，因而常被划入古玩类，其科学艺术及历史价值常被忽视。中国玉雕史上第一件真正的巨型玉雕为元代酒具"渎山大玉海"，口长182厘米，宽135厘米，腹深55厘米，重6500千克。

"渎山大玉海"又称"玉瓮"，是巨型贮酒器。元世祖忽必烈于1265年令皇家玉工制成此器，表示元帝国版图之辽阔，国力之强盛。

此器玉料取自新疆，是玉器发展史上里程碑式的作品。此器继承和发展了中国琢玉工艺上量材取料和因材施艺的传统技巧，在俏色方面也有独到之处。它是由一整块黑质白章的椭圆形大块南阳独山玉精雕而成，玉质斑驳，玉瓮内部掏空，空腔深55厘米，体外周身饰有波涛汹涌的大海图案，下部以浮雕加阴线勾刻的手法表现波浪，上部以阴刻曲线勾画旋涡作底纹。周身浮雕海涛中的龙、鹿、猪、马、犀、螺等，形体各异，神采俱佳。海龙下身隐于水中，上身探出水面，张牙舞爪，戏弄面前瑞云托起的宝珠。鹿、猪、马、犀遍体生鳞，游戏水中。

此器采用浮雕和线刻相结合的表现手法，既粗犷豪放，又细致典雅，动物造型

龙凤呈祥

兼具写实气质和浪漫色彩。

底座与玉瓮的玉质、玉色、雕刻风格浑然一体。该器不仅形体巨大，气度不凡，而且雕工极精，利用玉色的黑白变化来勾勒波浪的起伏、表现动物的眉目花斑，可谓匠心独运，技艺高超。

明朝中期的玉器趋向简略，出现了具有文人色彩的玉器，如"青玉松荫策杖斗杯"。此杯高6.8厘米，口径13厘米，足径9.4厘米，呈方斗形，平底。内壁光素，外壁浅浮雕一老人策杖漫步于松林之中。身后山石横卧，古松参天。有阳文草书七绝一首："策杖穿林路几重，禅家清磬隔云封。再来只恐无寻处，好记悬崖一古松。"末署"梅道人戏作"。器底阴刻乾隆皇帝御题楷书五言律诗一首。此器备受乾隆皇帝喜爱，视为宫中珍宝。

清代玉工善于借鉴绘画、雕刻、工艺美术的成就，集阴线、阳线、平凸、隐起、镂空、俏色等多种传统工艺及历代艺术风格之大成，又吸收外来艺术影响并加以糅合变通，创造出工艺性、装饰性极强的玉器，有着鲜明的时代特点和高超的艺术造诣，《大禹治水图玉山》即其代表作。此器高224厘米，宽96厘米，座高60厘米，重5000千克。是世界上最大的玉雕作品，也是我国的瑰宝。

玉鼎

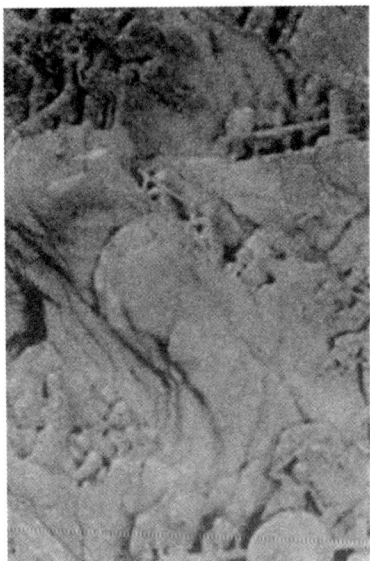

《大禹治水图》玉山

此器用新疆和田青玉制成，雕有峻岭、瀑布、苍松。在山崖峭壁上，成群结队的劳动者正在开山治水。正面中部山石上刻有乾隆皇帝阴文篆书"五福五代堂古稀天子宝"十字方玺，背面上部阴刻乾隆皇帝《题密勒塔山玉大禹治水图》御制诗一首，下部刻篆书"八徵耄念之宝"六字方玺。底座为嵌金丝山形褐色铜铸座。

此器由当时两淮盐政所辖的扬州工匠雕制而成。巨型玉料从新疆和田密勒塔山运到北京后，乾隆皇帝钦定用内府藏宋人《大禹治水图》画轴为稿本，由清宫造办处画出大禹治水纸样，由画匠贾全在玉料上临画，再做成木样发往扬州雕刻。

玉料于乾隆四十六年（1781 年）运往扬州，至乾隆五十二年（1787 年）雕成，共用六年时间。

乾隆五十三年，乾隆皇帝又命宫中造办处如意馆刻玉匠朱泰将乾隆御制诗和两方玺文刻上。

此器通过颂扬大禹治水的功绩，表达了乾隆皇帝师法古代圣王、为天下苍生谋求幸福之心。

五 玉器的保养

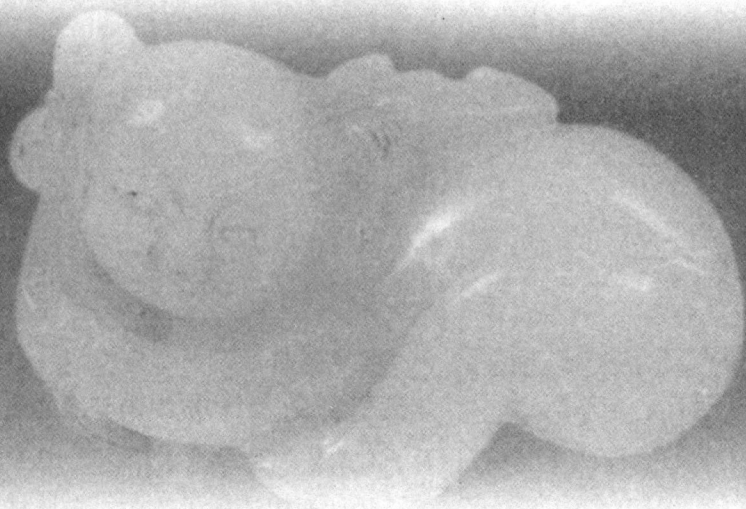

玉器摆件

精美的玉器

　　新购玉件应在清水中浸泡几小时后，用软毛刷或牙刷清洗，用干净的棉布擦干后再佩戴。

　　佩件要用清洁柔软的白布擦拭，不宜用染色布和纤维质硬的布料。

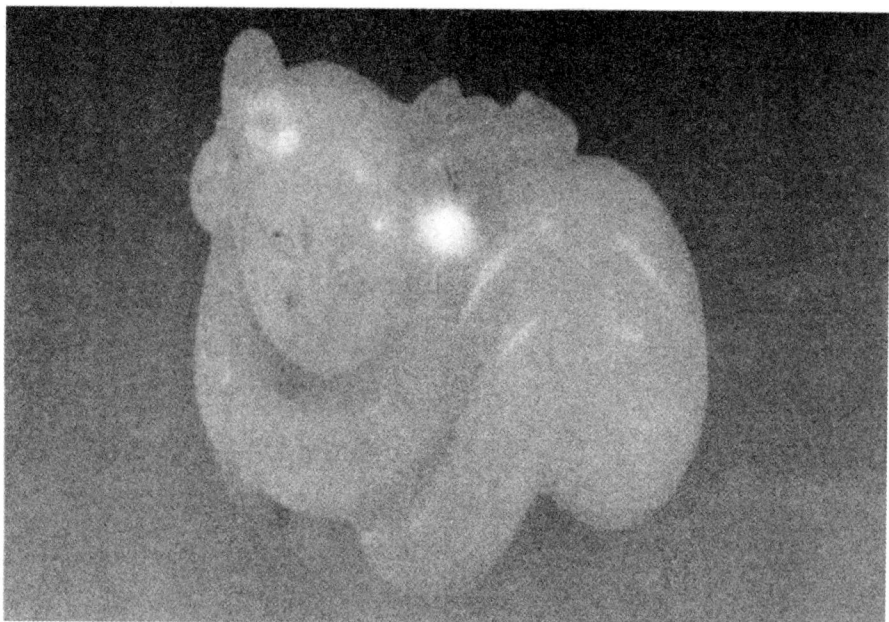

　　镶有钻石、红蓝宝石、祖母绿的玉首饰，也只宜用干净的白布擦掉油脂、尘埃、杂质、湿气或汗液，这样有助于保养。

　　尽可能避免灰尘附着在玉件上。日常摆设的玉器如有灰尘时，宜用软毛刷清除；如有污垢或油渍附于玉面，应以温淡的肥皂水刷洗，再用清水冲净，切忌使用化学除油剂。若尘垢难以清除，可请生产玉器的专业工厂或公司用专门的超声波清洗。

　　玉器要避免阳光曝晒，因为玉遇热后会膨胀，分子体积会增大，会影响到玉的质地和色泽。芙蓉玉、水晶、玛瑙受高热后会爆裂，更忌接近热源。

　　玉器应避免与硬物碰撞。玉的硬度虽

玉佩

玉笔洗

高，但玉器受硬物碰撞后很容易产生裂纹，有时虽然肉眼看不出裂纹，但玉表层内部已有暗裂纹了，这就大大有损于玉器的完美和经济价值了。

玉佩等悬饰物应经常检查系绳，防止丢失或摔损。

洗洁剂、肥皂、杀虫剂、化妆品、香水、美发剂等化学剂会给玉器带来损伤，如不小心沾上化学剂，应及时擦掉后再认真清洗，以免损伤玉器。

汗液带有盐分、挥发性脂肪酸及尿素等，玉器接触汗液后会受到侵蚀，使外层受损，影响本有的鲜艳度。尤其是翡翠、羊脂白玉更忌汗液。羊脂白玉若过多接触汗液，容易变成淡黄色。

玉质要靠一定的湿度来维持，尤其是水胆玛瑙、水晶类的玉器。水胆玛瑙里面在形成时期就存有天然水，若周围环境太干燥，里面的天然水就会蒸发，从而失去收藏价值。

玉器每隔一段时间要进行一次清洗。

佩挂玉件不用时要放好，最好放进首饰袋或首饰盒内，以免擦花或碰损。如果是高档的翠玉首饰，更不可放在柜面上，以免积染尘垢，影响亮度。